静寂の雷鳴

ジョエル・ゴールドスミス 著

高木悠鼓 訳

The Thunder of Silence

Joel S. Goldsmith

ナチュラルスピリット

The Thunder of Silence

by Joel S. Goldsmith

主が家を建てられるのでなければ、建てる者の勤労はむなしい。（詩篇１２７篇１）

啓示がすべての物質的つながりを解消し、スピリチュアルな理解の黄金の鎖で人々を一つに結び付けます。つまり、それはキリストの導きだけを認めることです。それは、神聖なる非個人的普遍的愛以外の儀式も規則ももっていません。それは、神霊（The Spirit）の神殿で灯された内なる炎以外の礼拝をもっていません。この融合はスピリチュアルな同胞愛の自由な状態です。唯一の束縛は、魂の規律であり、それゆえ、私たちは放縦のない自由を知るのです。私たちは肉体的制限をもたずに結ばれた世界であり、儀式や信条なく、神へ聖なる奉仕をします。啓示を受けた者たちは、恐れなく、恩寵によって歩くのです。（無限の道）

＊本書の中で使用した新約聖書と旧約聖書の訳は左記から引用しました。

新約聖書（日本聖書協会発行）
　マタイによる福音書
　マルコによる福音書
　ルカによる福音書
　ヨハネによる福音書
　ローマ人への手紙
　コリント人への第一の手紙
　コリント人への第二の手紙
　ガラテヤ人への手紙
　ヘブライ人への手紙（ヘブル人への手紙）
　ヨハネの黙示録

旧約聖書（日本聖書協会発行）
　創世記
　出エジプト記
　ヨブ記

詩篇
箴言
イザヤ書
ゼカリア書

静寂の雷鳴　目次

第三部　法則から恩寵へ

はじめに

啓示とはいつもある種のショックとしてやって来るものです。その啓示を受け取る人にとってだけでなく、それを分かち合う人々にとっても。啓示の性質はショックなもので、人々を驚かせます。なぜかと言えば、私たちが大事にしてきた信念に啓示がぶち当たるとき、人間的思考の中に流通している意見や理論によって、自分のマインドがどれほど条件づけられてきたかを意識し、自分がどれほど無知であったのか突然理解するからです。

大多数の人々が完全に物質的生活を送り、人生で唯一の現実的な物事は物質的な物であり、唯一の現実的パワーは物理的パワーであると信じていたのは、それほど昔ではありません。そういった物質的世界に導入されたのが、マインドの世界とマインド・パワーがあるという考えで、この考えが意識に非常に浸透して、関心の焦点が物質的なものからメンタルなものへ移行しました。

もし啓示がなかったならば、私もこのマインドの世界で自分の人生を生き、マインド・パワーは物質的パワーと同じくらい幻想であることをけっして理解しなかったことでしょう。しかしある日、マインドはパワーではない、思考はパワーではないというメッセージが私にやって来たのです。私は、「正しい考え方」が自分のすべての問題を解決するという教えに、どっぷりと浸っていたので、これは大変ショックなことでした。

その最初の啓示に続いて多くの展開があり、それからこれらの驚くべき啓示に慣れ、そのメッセージが意識に浸透するように数年間の時間をかけたのちに、今、それが本書の中で一般の人々に与えられているのです。あなたが本書の中で読むことはあなたにとって非常におなじみなので、あなたは「こんなことはみんなが知っている」と即座に反応するかもしれません。しかし、請け合って言いますが、もし人々がそれを知っているなら、彼ら全員がスピリチュアルな道に献身する人たちになっていることでしょう。私が世界のスピリチュアルな文献の研究から観察したかぎり、本書で述べられている真理が完全に啓示されたことは、けっしてありませんでした。とはいえ、それが真のスピリチュアルな人生の絶対的基盤を構成しているのです。

皆さんが本書を読み進める前に、確実に知ってほしいことは、私は新しい宗教や新しい宗教的教えを確立することにも、あるいは組織を設立して、人々を義務的で絶対的に間違いのない教義や意見に従わせることにも、まったく関心がないということです。私は自分の背後に、人々が参加し、宣伝し、拡大するような、あるいは自分の個人的利益のために使うような、あるいは自分の救済のために人が頼ることができると感じられるような――どんな種類の宗教組織もまったく残したくはありません。もし私がこの地上にいる人生の寿命の間に何よりもやりたいことがあるとすれば、それは人が頼っているすべての支柱や松葉杖を取り除くことです。

本書の目的は、あなたをどんな人や組織にも従属させることではありません。むしろその目的は、あなたを「鼻から息の出入りする人」(イザヤ書2章22)(訳注：ここでは、「神を知らない自己中心的な人」くらいの意味)から解放することであり、同じスピリチュアルな道にいる人たち全員と自由に融合し、スピリチュアルな道を求めている人たちと自由に分かち合うようにすることです。しかし、誰にも従属せず、誰にも所属せず、誰にも何も負わせず、ただお互いに愛するだけです。

それが本当の自由で、その自由以外の何も神を住まわすことはできません。神は何かの**中に**

いることができるなどと、一瞬でも信じないでください。「無限の道」（訳注：著者が主催する教えの名前）の中にさえいないのです。神は何かの**中に**いることはできないのです。あなたが神を知ることができる唯一の方法は、自由になることです——メンタル的にも、そしてスピリチュアル的にも自由になることです。

「主の霊のあるところには、自由がある」（コリント人への第二の手紙3章17）——そこに自由があるのです——そこは本当の自由があり、力（強さ）があるところです。存在する唯一の力は神との融合の中にあり、それが無限の力です。様々な人間が集まってできる集団は、変わりゆく不安定な世界とともに変わります。たとえ私たちが今日の戦争の世紀から他に何も学ばなかったとしても、権力がどれほど移ろいやすいものかを学びました。今までおこなわれたすべての盟約、すべての条約と他の国際的同意、そういったものの中に永続する力は何もありませんでした。

存在する唯一の力は、神との意識的融合であり、スピリチュアルなパワーの本質を理解することにあります。私たちがその理解をもつとき、神とともにあるものは多数派になるのです。神の性質についてスピリチュアルな理解をもっている人は、世界中の無数の人たちのための調和と平和と供給の法則となります。そこ――神との融合の中――に力があるのです。

何世紀もの間、どの国家もその自由を求めてきました。多くの国は自分たちが信じる自由を一時的に発見しましたが、自分が解放されたものよりももっと強大な何かによって、自国が奴隷化されていることにあとになって気づくだけでした。

何か**から**自由になることは不可能です。これはきつい言葉で、口に苦く、腹にはさらに苦いものです。その特定の自由が得られたら、自分の運命はよくなるだろうと考えて、夫や妻から自由になろうとする人たちがたくさんいます。ときには運命はよいものになるでしょうが、一時的なものです。仮にそうなったとしても、それは人間的解決であり、永久でも現実でもありません。なぜなら、誰も何か**から**自由になることはできないからです。一つのものから自由になることは、別のものに執着することです。何か**からの**どんな自由もありません。唯一の完全な自由は**キリストの中での**自由です。

一つの宗教組織を離れて別のものに加わることは、何かから自由になりながら、別の何かに関わってしまうだけです。これは自由ではありません。一つの国を去って別の国へ行くことで、スピリチュアルな自由を発見できる人はいません。とはいえ、その人の物質的運命はよくなるかもしれません。そういったことは、北アメリカ大陸に移住して、自分たちの物質的生活状況がよくなった大勢の人たちが実証してきたことです。しかしながら、単に住む場所を変えることは、必ずしも平和、幸福、安全、安定を意味するわけではありません。なぜならこれらは、国旗、国家、大陸の中には見つからないからです――それらは健康、富の中にさえ発見できず、ただ神に目覚めることによってのみ発見されます。神に目覚めることが、他人がすることへの恐れから、環境や状況の脅威から人を解放するのです。

調和は、一つの状況と別の状況を交換することによってではなく、法則から抜け出して、神の贈りものである恩寵の元で生きることによって発見されます。不幸なことながら、当分は、神の恩寵を受け入れない、そしてマスターに次のように言わせた大勢の人たちが私たちの右にも左にもいます。「ああ、エルサレム、エルサレム、預言者たちを殺し、おまえにつかわされた人々を石で打ち殺す者よ。ちょうどめんどりが翼の下にひなを集めるように、わたしはおまえの子らを幾たび集めようとしたことであろう。それだのに、おまえたちは応じようとしなかった」（ルカ13章34）

私たちが自分自身の自由を達成したあとで、唯一この哀しみが残ります。自分の両親、子供たち、兄弟姉妹、夫と妻、地域の人たちを眺め、「なぜあなたは私が発見したことを受け入れることができないのか?」と考えるこの哀しみです。しかし、私たちがこの道に長くいればいるほど、人がこの真理をだきしめるのは、その人の準備の程度によるのであって、それ以外には不可能であることをもっと容易に理解するでしょう。

ときには、その準備はそれ以前に空虚感や挫折を経験したからこそ、やって来ることもあります。私たちの生活で今まで経験したあらゆる罪、あらゆる病気、あらゆる欠乏が私たちの全経験の必要な一部となり、それなしでは真のスピリチュアルなメッセージの展開を受け取る準備ができなかったことでしょう。私がこう言うのは、私たちの中には罪、病気、欠乏のまさにどん底に落ちた人たちもいれば、その一方で、戦うべきものをほとんどもたなかった人たちもいることを知っているからです。

しかしながら、一人ひとりが経験する問題の厳しさがどの程度であっても、おそらくその厳しさの程度はそれぞれの人が必要としていることなのです。人々の中には肉体的精神的道徳的、あるいは財政的に最悪最低になるまで、スピリチュアルなヴィジョンの高みに上ることができない人たちもいます。中にはそこまでひどくなる必要がない人たちもいれば、さらにもっと少ない場合の人たちもいます。しかし、私とあなたが経験するどん底が何であれ、私たちが高みへ到達するために、必要な経験だったのです。

皆さんの中には本書で提示されている原理をだきしめるようになる前に、まだ多くの深刻な問題に巻き込まれ、非常に強く押されたり、突っつかれたりしなければならない人たちもいることでしょう。その一方で、克服すべき悩ましい問題をもたずに、これらの原理を非常に簡単に吸収する人たちもいることでしょう。それもまた、あなたがこのワークに来るまでにどの程度の理解があるかにかかっています。

このメッセージはそれが個人的に実証されるときだけ、真実であると証明されます。そしてその理由で、そういった教えのまわりに宗教を組織しようとしたり、そんな実体のないものに参加するように人々を勧誘したりすることは、「無限の道」の目的にけっして貢献しないことをすぐに理解するべきです。「無限の道」の目的とは、これらの原理が人間の意識に浸透し、個人的経験の中で実体のあるものになることです。もしこの教えを組織化しようとする何らかの試みがあれば、それは誰のためにもならないことでしょう。仮に月会費や年会費が支払われるとしても、これらの原理を奉納する巨大な寺院が建てられるとしても、あるいはこれらを教えた人の銅像が作られるとしても、それは無駄なことでしょう。

一つのことだけがこの教えを実証します――あなたがその原理が何かを理解し、それからそれがあなたの内部で実証可能な原理になるまで、その原理を自分のハートとマインド、魂と肉体の中でだきしめ、その原理とともに生き、それの中でそれと一緒に、それを通じて活動し、その原理の中で自分の存在をもつことです。そのとき、あなたは世界の光になります。その世界とはあなたの直接の家族とか地域社会に限定されるかもしれませんし、地球全体を含むほどの広大な範囲かもしれません。誰も同じように導かれないことでしょう。どんな二人の人も同じように成長しないことでしょう。それはすべてあなたの個人的成長にかかっています。

本書の全メッセージは、メンタルなパワーあるいは物理的パワーによって、あるいはそれらを通じて活動していない内なる恩寵がある、という原理にもとづいています。ほとんどの人が気づいていないこの恩寵は、あらゆるものへの信念、神――その神から世界は奇跡を期待し続け、その奇跡を時の始まりから待ち続けているわけですが――への信念さえ、放棄されたときだけ活動します。

歴史上この秘密を知った多くの人たちがいましたが、私たちが知っているそういう人たちはそれぞれがそれを人々に教え、その人々が弟子や信徒になりました。しかしながら、あらゆる場合において、一世代か二世代のちにその教えは純粋さを失い、ただあとの時代に再び誰かに啓示されるためにそのハートと魂は地上の表面から消え、あとは同じプロセスが繰り返されました。

こういう事実に直面して、これを再び教えようとすることに、価値があるのかどうか尋ねるのは自然なことです。来る年も来る年もそういったメッセージを携《たずさ》えて何千マイルも旅をしたあげく、もしほんのわずかな人たちしかそれを受け取らず、実証しないとしたら、そして、再びそれがこの地上から消え去るとしたら、それに何の価値があるのだろうか？　と。その質問への私の答えは、今日は状況が違っているというものです。

過去すべての世代で、世界はますます破壊力のあるパワーの発見を期待してきました。そして、それぞれの世代でより大きなパワーが発見されましたが、原爆がある今日は、世界は究極のパワーに直面しているのです。核のパワーを超えるものを誰が思い描くことができるでしょうか？　これを超える何かがあるのか、それとも世界はパワーの探求の終焉に到達したのでしょうか？

本書の中の真理は、新約聖書の中に発見できます。しかしながら、単なる読書によって、自分がその啓示された原理によって生きることができる、と本書の読者は期待することはできません。ここで提供されている説明に何の反応も感じない人たちは、もちろん一回読んでも満足しないことでしょう。しかし、最初の読書でワクワクする感覚を感じる人たちは、本書を昼間も夜も、日曜も祝日もかたわらに携えるべきです。そうすればついに、彼らの物質的意識状態が放棄され、それ自身を明け渡し始め、そのとき超越意識がマインド、肉体、彼らの生活のあらゆる経験を引き継ぐのです。

このメッセージに落ち着き続ける誰の中にも、意識のこの変化が起こる可能性があることを、三〇年以上の私の経験が疑いもなく実証してきました。読者が、「わたしはあなたがたに言っておく」の山上の垂訓（マタイ5-7章、ルカ6章）によって生きることが可能になる前に、そういった意識の変化がその人の内部で起こらなければならないのです。

本書の目的は超越意識を啓示し、それによって人が本当に、「生きているのは、もはや、わたしではない。キリストが、わたしのうちに生きておられるのである」（ガラテヤ人への手紙2章20）と、本当に言える場所まで個人的意識を成長させることです。この目的はただ「神の言葉」の中に居住することによって——「神の言葉」の中で生き、活動し、自分の存在をもつことによって——そして、常に「神の言葉」の中に定着することによってのみ、達成することができます。

ジョエル・ゴールドスミス

第一部

暗闇から光へ

1章　二つの契約

そのしるすところによると、アブラハムにふたりの子があったが、ひとりは女奴隷から、ひとりは自由の女から生れた。（ガラテヤ人への手紙4章22）

女奴隷の子は肉によって生れたのであり、自由の女の子は約束によって生れたのであった。（ガラテヤ人への手紙4章23）

さて、この物語は比喩としてみられる。すなわち、この女たちは二つの契約をさす。そのひとりはシナイ山から出て、奴隷となる者を産む。ハガルがそれである。（ガラテヤ人への手紙4章24）

しかし、上なるエルサレムは、自由の女であって、わたしたちの母をさす。

（ガラテヤ人への手紙4章26）

私たちが人間であるという状態では、私たちは奴隷の子供であり、肉体とその主張の支配化に置かれています。その肉体がこの肉体であれ、お金、あるいは他の形態の物体と呼ばれるものであれ、肉体の物事、思考、活動の奴隷です。奴隷の女の子孫として、肉体の中で肉体を通じて生きることで、私たちは物質の法則、経済の法則、人種、宗教、国籍の束縛の元にあります――「束縛を生む」契約の元にいるのです。もう一つの契約は、私たちのスピリチュアル的養子縁組のもので、私たち自身の内部の意識の活動を通じて、私たちにその移行の準備ができたときにやって来るものです。なぜなら、人間であるという状態からスピリチュアルな神の子の状態への移行は、ただ恩寵によってのみ為されるからです。

人が、「自分は神の子になり、肉体の重荷から解放されたい」と言うとき、たいていその人は本気ではありません。その人の言わんとすることは、自分は肉体の重荷からは解放されたいが、肉体の喜びと利益は保持したいということです。ですから私たちは、人間としては神の子になることを選ぶことができないのです。

しかし、私たち一人ひとりの意識の中に——ある者たちは今、またある者たちは何世もあとで——内なる恩寵を通じて、私たちは肉体の災いだけでなく、肉体の喜びと利益も手放すことができ、また進んでそうしたい気持ちになるのです。そして、私たちのスピリチュアルなアイデンティティないし本当の自己を知るようになるときがやって来るのです。その新しい生き物は古いものが健康にされたものでも、古いものが高貴にされたものでもなく、神霊《スピリット》から生まれたものです。これが超越的経験です。

神霊から生まれるとは、意識の移行を通じて再生誕することを意味し、この再生誕は私たちがまさにこの地球として知られているこの次元に、私たちがいる間に起こるかもしれませんし、あるいは私たちがこの地球を離れたあとで起こるかもしれません。仮に私たちがこの移行に失敗したとしても、あとで私たちがそれをおこなう機会は常にある、ということを覚えておくのはよいことです。なぜなら、神の王国には時間がないからです。そこでは常に**今**で、この**今**が私たちに新鮮な機会を常に提供しているのです。

この瞬間は**今**です。この瞬間――**この今に**――私たちは自分の人間性を拒否して、自分の存在の神性を受け入れる機会があります。しかし、この瞬間にそうすることが私たちの現在の能力を超えているなら、今夜このあとで、私たちはそのときがまた**今**であることを発見します。そして、その**今**という性質の中で、私たちは自分の存在の神性を受け入れるのか、拒否するのかの機会に再び直面します。もし私たちがそのときそれを受け入れる準備ができていなければ、明日の午後も来年も再来年もあり、私たちが自分の聖なる子供の状態に覚醒する機会が自分の思考に来るたびに、そのときが**今**になります。今から百年後であっても、そのときが私たちにとっては**今**になることでしょう。

自分の神性を受け入れるときは常に**今**ですが、しかしその**今**はこの瞬間にも私たちのところへやって来る可能性があります。ある者たちにとっては、それは何年も昔にやって来たかもしれませんし、またある者たちにとっては、これから何年もあとにやって来るかもしれません。それがこの時計のこの特定の時間にやって来ても、また別の時間にやって来ても、それが来るとき、そのときが**今**となることでしょう。私たち一人ひとりが毎日毎瞬、永遠性に直面しなければならないのです。私たちの中でこの特定のときに何らかの理由で、自分の自由の契約を受け入れることができない人たちは、それでもあらゆる時代を通じて新しく新鮮な機会があることでしょう。その自由とは、私たちがキリスト性を受け入れたときに、「身にまとう」自由です。

人間として私たちより先に行き、私たちの目に見える光景から去った人たちの中には、精神的に深い暗闇にいた人もいれば、実際の罪と堕落の中にいた人たちもいます。しかし、彼らは今も存在し、彼らが地上にいたとき拒否した同じ機会をもっています。今ようやく彼らは、それを受け入れるだけのより大きな能力を発達させたのかもしれません。

私たちの経験の中で、スピリチュアルな摂理を受け入れるとはどういう意味でしょうか？このスピリチュアルな摂理を構成しているものが何かを、私たちが理解しないかぎり、それを受け入れる覚悟はできません。

大多数の人たちが神への信仰に口先だけ同意しているにもかかわらず、多くの人たちは神を信じていません。確かに彼らは、「神はいる」とか、「自分は神についての信仰をもっている」と信じているかもしれませんが、彼らは何の信念も理解も確信ももっていないのです。なぜなら、奴隷の性質とは結果に束縛されることだからです。つまり、結果として目に見える形のある何かを愛し、崇拝し、恐れることです。それは肉体的健康——心臓、肝臓、肺の健康——かもしれませんし、ドル札、投資、家などかもしれませんが、ほとんどの人間の愛と献身と恐れは、目に見える領域の誰かや何かに常に向けられています。

女奴隷の息子は何かの思考、物、人を必要とするかぎり、束縛されています。そして、それが人間である状態を構成しています。その一方、神の子の新しい契約は、私たちが、「わたしと父とは一つである」（ヨハネ10章30）、「父がお持ちになっているものはみな、わたしのものである」（ヨハネ16章15）、「私は目に見えない無限以外の方向を見ません。そのとき内部から現れて来るものを、私は楽しく喜んで自由に分かち合います」と理解する瞬間に始まるのです。

聖なる子供の状態への移行は、目に見えるものに対する信念から、目に見えない無限への信念への変化です。目に見えない無限への信念とは、見ることも聞くことも、触ることも味わうことも、嗅ぐことも、考えることや推論することさえできないものへの信念です。その信念に対する理由のない信仰が必要です。それが何であるかわからないのに、この信念に同意する、すべてを焼き尽くすような内なる確信、内なる本能、内なる直観、内なる恩寵がなければなりません。

「なんのしるしも与えられないであろう」（マタイ12章39）。その印は信じる者たちのあとに続くのです。信念がやって来るとき、印があとに続くのです。もし自分がしがみつくべき何らかの印、物、思考が私たちに与えられたなら、そのときは神である目に見えない無限の代わりに、その物や思考が、私たちが自分の信念を置く対象になります。

真理について延々と考えることは可能ですし、それはある地点までは普通で自然で正しいことです。しかし、それから思考が止まって、ほとんど真空のような空白がやって来て、その真空の中にまさに神の存在とパワーが入って来るときが来なければなりません。思考の全過程が止まり、自分が頼るものが何もなく、自分の希望をつなぐものも何もなく、自分自身を裸に完全に空っぽにするとき、その完全なる沈黙の中でのみ、その丸裸の存在の中に入ることができるのです。

そのときこそ、目に見えない存在、触れることのできない何かがあり、それが活動していることに私たちが気づく瞬間です。たとえ私たちが**それ**を知ることができない、感じることができない、考えることができないとしても、です。そして、そこからそのまさに目に見えないものが、私たちの生活の展開に必要なあらゆるものとして表現されるのです。しかし、私たち自身がその何かであるともし考えるなら、重大な間違いを犯すことになります。私たちが自己放棄の場所へやって来たとき初めて、私たち自身の存在の聖なる自己性がそれ自身を現すのです。静寂がその方法です。

静寂は音がないことではありません。それは見たり聞いたりすることに対して、私たちがメンタルな反応をしないことを可能にする意識の状態です。たとえば、私たちは壁の上に影を見、認識するとします――醜い見かけです――でもあなたはそれが影だと知っているので、それに対して恐れの反応をもちません。

意識が一つのパワー、一つの法則、一つの実体、一つの原因――一つであること《ワンネス》――の気づきに到達するとき、私たちは見たり聞いたりすることに対して、恐れ、疑い、嫌悪でもって反応しません。そのとき、その意識はパワーを超え、静寂――ヒーリング意識に到達したのです。

2章　カルマの法則

今日、世界が経験しているすべての苦しみは神との分離感のせいです。なぜなら世界は、「呼吸よりも手足よりも近い」神を受け入れていないからです。その神は、私たちが豊かに果実を実らせることを可能にするだけでなく、そうする用意があり、そうしたいと望んでいます。

異教徒の時代、おそらくは感謝の気持ちから、人々は自分たちを祝福するように見えるものが何であれ、それを崇拝し、それらの物事に聖なるパワーを与え始めました。人々の意識が高くなるにつれて、一つの神という教えが現れましたが、人々が本当のあるがままの神を理解する準備ができていなかったことは明らかでした。ですから、私たちはヘブライの聖典の中で非常に奇妙な種類の神を発見します。

太陽、月、星々が神ではないように、怒りと復讐の神ヤハウェ（イスラエル人が崇拝した神）も神ではないことを私たちは知っています。旧約聖書の神は神ではないのです――それはカルマの法則です。それは、「**人は自分のまいたものを、刈り取ることになる**」（ガラテヤ人への手紙6章7）と教える法則です。それは、もし私たちが善いことをすれば、善いことが私たちに起こり、その一方で、もし私たちが悪いことをすれば、悪いことが私たちに降りかかると教える法則です。

旧約聖書では、「彼は心のうちで勘定する人のように（箴言23章7）、なる」（訳注：人は自分の心で考えるような人になる、くらいの意味）と教えます。しかし、これは神ではありません。これはカルマの法則で、しだいに神として知られるようになりました。しかし、ヨハネ（キリストの使徒の一人）が、「法則はモーセ（紀元前一四世紀頃のヘブライの指導者）によって与えられたが、恩寵と真理はイエス・キリストによって与えられた」と明らかにしたときに、彼が理解したように、カルマの法則はけっして神ではありませんでした。イエス・キリストの恩寵と真理と、モーセの法則の間には大きな違いがあります。カルマの法則と神の間には非常に大きな違いがあります。あらゆる人がカルマの法則を知り理解することは必要です。しかし、非常に重要なことは、この古来からの法則を超えて、人が神の領域に入ることです。私たちはカルマの法則を破ることによってではなく、ただ私たちの人生におけるその意味と場所を理解することによって、初めてこれを達成することでしょう。

私たちみながよく知っている十戒（神がモーセに与えたとされる戒律）は、その法則の一部です。たとえば、「汝の父と母を敬え」という戒律があります。それをスピリチュアルな教えと呼ぶ人がいるでしょうか？　神霊に触れられた人で、ほんのわずかな程度でも、自分自身と同様に自分の両親を敬い、自分の隣人を愛することができない人がいるでしょうか？

イエス・キリスト、パトモスのヨハネ（ヨハネの黙示録の作者）、仏陀、あるいは老子に向かって、「自分自身と同じように自分の両親を敬いなさい。自分の隣人を愛しなさい」と、僭越ながら言うことを誰が想定できるでしょうか？　神霊に触れられた人が、「人種や宗教に対して偏狭であるな。偏見をもつな」と教えられなければならないでしょうか？

そういった法則は、非常に高い人間状態へまだ到達していない人たちのためのものです。そういった低い状態の人たちは、他人の所有物、妻、農地を嫉《ねた》んではいけない、とまだ教えられることが必要なのです。私たちの人間性が低い段階の頃の生活では、私たちが法則を必要とし、他人にどう振る舞うべきかを教えられることが必要なときがあります。しかし、もし私たちがその状態に留まっているなら、自分のスピリチュアルな自由に向かってそれほど早くは進まないことでしょう。

地上のあらゆる人がいつかは天国に居住します。地上のあらゆる人が、病気で罪深く死すべき存在であることから上って、自分の聖なる神の子の性質を受け継ぐのです。しかし、法則の下に生きることによって、それができる人は誰もいません。また、単に何らかの人間の形態を崇拝することによっても、また正直で道徳的になることによっても、そのことを達成することはできません。これらは単に最初のステップにすぎないのです。

ただ自分の動物的願望、自分の死すべき、利己的で人間的な願望を失うことによって、初めて私たちはより高い人間性の状態へ向かって進歩していることを、実際に証明するのです。究極的には、私たちが自分の中に住む神霊の目覚めに実際に到達し、面と面とそれに対面し、**それが**私たちの肩に触れ、頭に触れ、ハートに触れ、何らかの方法で**それがそれ自身の**存在を宣言するときがやって来ます。そのときから、私たちは罰と報酬の法則の下にはもはやいません。そのときから、この地上での私たちの最後の日々まで、そして永遠に私たちは神の恩寵の元にいます。

そのとき私たちはこの偉大な真理を最初に一瞥し始めるのです。その真理とは、私たちが長い間日々奮闘してきたことはただ、カルマの法則の下に生きているにすぎない、ということです。つまり、私たちは、「もし今日善いことをすれば、明日にはこの世的な善いことが私に起こり、でも明日に悪いことをすることで、その法則を犯すことになるかもしれない」と信じ、それを破ったり、それに同意したりしています。

私たちは、「もし自分が罪を犯せば、神が私たちを罰するだろう」と教えられています。しかし、それは旧約聖書版の神であって、そういった教えはイエス・キリストの言葉である新約聖書には現れていません。反対に、その中では神はこの地上を善人として歩く九九人の人たちよりも、神に目覚めることに至った一人の罪人のほうを喜ぶことが明確にされています。九九人の善人たち全員が一人の罪人ほど神を喜ばさないことを、私たちは立ち止まって考えてみるべきではないでしょうか？

地上のほとんどの人の神は悪を罰し、善に報いる神ですが、そんな神は存在しません。私たちは神を恐れる必要はありませんし、神に影響を与えようとしたり、犠牲を捧げたりする必要もないのです。神は聖人に対しても罪人に対しても同じです。神は善です。神は愛です。神は永遠で、不死で、スピリチュアルで、宇宙の創造原理であり、それを維持し支持する原理です。しかし今日、神はそんな存在でありながら、明日たまたま私たちが間違いを犯したからといって、神が別のものになると信じられる人がいるでしょうか？

イエス・キリストが、「神は動物の生け贄を喜ばないし、金銭的寄付さえ喜ばない」と教えるのをヘブライ人が聞いたとき、彼らが激しく怒ったことは少しも驚くべきことではありません。この時代の人々は、「神は喜ばされなければならない。鎮められなければならない。なだめられなければならない」と信じていました――彼らは、神は人間の行為によって何らかの影響を受けることができる、と信じていたのです。今日でも熱心な崇拝者たちは、神を買収しようと考えながら、神のためにロウソクに火をつけたり、寄付をしたりしています。あるいは、断食と祝宴の日々を順守することも同じことです。こういった行為すべてが、「神に影響を与えることによって、自分たちのために好意的に振る舞わせることができる」という考えにもとづいて、潜在意識的におこなわれています。

神はけっして特別に誰かを報いませんし、けっして罪を罰しません。確かに罪は罰せられます――罪それ自身によって。言い換えるなら、間違った電気の配線をすれば、ショートが起こるでしょうが、その人はそのことで電気を責めることはできません。電気が彼を罰したわけではありません。その人は自分の不適切な行為のために自分自身に罰をもたらしたのです。水の中に入って、恐れ、もがき、ついにはほとんど溺れかける人は、水を責めることはできません。むしろ水の中でいかに振る舞うべきか知らないことが悪いのです。誰も法則を破って、その法則を破ったことで罰を免れることはできません。しかし、行為のあとに引き続く罰のことで、神を責めるべきではありません。間違いは神にあるのではなく、個人の行動と法則の性質について、個人が間違って認識しているからです。

いったん私たちが、カルマの法則があり、人間はその法則に従属していることを理解すれば、私たちの最初の法則は自分自身をそれと調和させることです。言い換えるなら、盗みに罰があるなら、最初にまず盗むことをやめることを学ばなければなりません。もしウソをつくことに罰があるなら、私たちはウソをつかないように自分を訓練しなければなりません。たとえその瞬間、自分がウソをつくことで何か利益が得られそうに見えても、です。確かに、私たちは自分のビジネスにおいて、ウソをついたり騙したりして、それによって一時的に何かの利益を得るかもしれません。しかし、もし自分がウソをついたり、騙したり、欺いたりすれば、それが究極的には自分を滅ぼすことを理解するなら、私たちの個人的社会的、ビジネス的生活の中で、破廉恥な方法や行為に耽溺しないように、おそらく自分を訓練し始めることでしょう。カルマの法則があると私たちが理解するとき、最初の試みは、自分に悪い結果をもたらす悪から自分自身を解放することです。

疑いもなく、低い意識状態で生きるよりも、そういった意識状態で生きるほうがいいことです。それにもかかわらず、人生のこの段階は、実際はモーセの「汝、するなかれ」の戒律の下で生きたヘブライの段階なのです――汝、これをするなかれ。そうすれば汝は自分の頭上に罰をもたらさないだろう。汝、隣人の家を羨望するなかれ。そうすれば、汝は自分にトラブルを招かないだろう。汝、盗むなかれ。汝、殺すなかれ。汝、自分の両親を敬え――その意味は、彼らのことを忘れたり無視したり、不親切に扱ってはいけないということです。私たちが十戒に従うとき、カルマの法則と私たちは調和するようになり、それによって恩恵を受けることは、議論の余地のない事実です。しかし、私たちはまだ法則の下にいることを忘れてはいけません。なぜなら、明日法則をまた破れば、別のトラブルを招く可能性があるからです。私たちがただ十戒によって生きているかぎり、まだ人間の法則によって、人間的に生きているのです。

これは旧約聖書の大部分の場所で明らかにしている神ですが、それは神ではありません。それは法則であり、主神、法則神、カルマの法則、原因と結果の法則です。「**人は自分のまいたものを、刈り取ることになる**」。これは神ではなく、汝《あなた》です――汝がまくように、汝は刈り取る。それは神についての物事に言及していません。それはただ、もし私たちが、正しいあるいは間違った種蒔きをすれば、正しいあるいは間違った刈り取りを得るだろうと警告しているだけです。しかし明らかに、神はその種蒔きにも刈り取りにも何の関係もないことが、明らかにならなければなりません。

これらのどれも実際に神とは何の関係もないのです。それはカルマの法則、原因と結果の法則、聖書を通じて発見された法則と関係があります。しかし、かつてはこれが神と信じられていたため、聖書を思い切って客観的に読むことができない人々によって、永続化されてきました。そして今日でさえ、彼らは自分自身をプロテスタントやカトリックと呼んでいるにもかかわらず、古い同じ十戒のヘブライ的神、原因と結果の神、カルマの神をずっと受け入れ続けています。

　ではここで、もしできることなら、神とは実際何なのかを発見するようにしてみましょう。なぜなら、この点に私たちの全経験が依存しているからです。善きへブライ人であること、つまり、十戒に従うことは正しく適切なことです。不正直なビジネスマンよりも正直なビジネスマンであるほうが、不健康な人間であるよりも健康な人間であるほうが、正しく適切なことです。しかし、そのことはスピリチュアルな道とは何の関係もありませんし、私たちの究極の運命、つまり、父の家、神意識へ戻ることとも何の関係もありません。

　私たちの究極の目標を達成するために、神の本質が理解されなければなりません。そして、そのために私たちの思考の中にはたった一つの質問があるべきです。つまり、「神とは何か？」という質問です。

　まず理解すべき重要なことは次のことです――私たちの祈りと瞑想は、私たちのために善きことをしてくれるように、あるいは悪いことをしてくれるように神に影響を与えることはない、そして私たちは神の栄光を自分自身に、あるいは他の誰にももたらすことはできない、ということです。私たちにできることはただ、私たちの中の神は強大であることを認めることだけです。それは、私たちゆえにではなく、ただ私たちは、**その存在、すでに在るそれ**を認めることができる恩寵を与えられただけです。マスター（イエス・キリストのこと）は弟子たちに、「霊（悪霊）があなたがたに服従することを喜ぶな。むしろ、あなたがたの名が天にしるされていることを喜びなさい」（ルカ10章20）と教えました。ですから、ヒーリングが起こったからといって、誰も自分自身のためにあえて栄光を受け取らないのです。なぜなら、人間は一度もヒーリングをもたらしたことがないからです――それはスピリチュアルな存在の聖なる状態によってもたらされました。その聖なる状態とは、神の本質を知り、それゆえヒーリングを目に見えて実現することができる人の意識として、そしてその意識を通じてのみ働くことができます。それがこの栄光あるスピリチュアルなワークでの私たちの役割です。神を知ること、永遠の生命である神を正しく知ること、それが私たちの唯一の役割です。

私たちが愛としての、永遠の生命としての神の本質を知るとき、死、老い、病気が現実であるかのように、神によって私たちがそれらを変えることができるなどと、二度と思わないことでしょう。私たちは、死、老い、病気は神とは何の関係もないことを理解するでしょう。それは、「**人は自分のまいたものを、刈り取ることになる**」に関係しています。もし私たちが罪の法則、物質や病気の法則、罰の法則を信じているなら、私たちはそういう経験を、自分の人生と、スピリチュアルな指針を私たちに求める人たちの人生にもたらしているのです。

私たちが愛として神の本質を理解するとき、「**恩寵**」という言葉を理解することでしょう。そのとき、私たちの善きことは、私たちがそれにふさわしいからでも、値するからでもなく、恩寵によってやって来ることも理解するでしょう。神に値するほど善になれる人間がいるでしょうか！　実際のところ、私たちが人間的特質をもてばもつほど、神に目覚める前にますます多くのことを一掃しなければなりません。私たちは自分が神に値する場所に連れて来られることはできません――私たちが連れて来られる場所とはただ、神にふさわしくなりたいと思う自分の部分、あるいは神にふさわしくないような自分の部分が道から捨て去られ、私たちの本当の自己性が啓示される場所です。私たちの肉体的メンタル的人格的善、そして財政的豊さは神の贈りものとして、聖なる恩寵によって、私たちのものなのです。私たちはそれを達成したり、それにふさわしくなったりすることはできません――私たちはそれを自分に与えるように、神に影響を与えることはできません。また、私たちのどんな行為も振る舞いも思考も、神が活動し、活動し続けることをやめさせるほど強大ではありません。

私たちの罪が緋のようであっても、私たちが自分の本当のアイデンティティに目覚めるまさにその瞬間、雪のように白くなるのです（イザヤ書1章18参照）。確かに、私たちがカルマを受け入れている間、つまり、私たちが人間としての自分自身を受け入れている間、私たちの経験の中でカルマの法則が活動するかもしれません。しかし、私たちが次のことを理解するやいなや、その法則は活動を止めるのです。「私は出かけて、分離した者になりましたが、これからは恩寵の元で生きます」。私たちが恩寵の元で生きていると理解する瞬間、「自分」という言葉を手放すのです。私たちは、「自分」は善人であるとか価値あると自慢することをやめ、また悪いとか無価値な「自分」を非難するのもやめます。

私たちは過去さえ忘れ、自分が一時間前に生きておらず、これから一時間後に生きることができないことを認めるようになります。私たちが生きることができる唯一の時間は、**今**です。そして**今**、私たちは神の恩寵の元に生きています。**今**、何の罪も病気も死も邪悪もありません。私たちの意識の中には、愛、あなたの愛でも私の愛でもなく、神の愛以外の何も活動していないのです。

もし私たちが神の本質にほんのわずかな程度でも目覚めるならば、どれほどの長年の重荷、自分がしたことやしなかった過去の行為の記憶、間違った思考の記憶があっても、それを肩から投げ捨て、**今**、自分は神の子であることを理解し始めるでしょう。**今**、聖なる恩寵のこの瞬間に、私たちの長年の過去の全記憶がなくなってしまったのです。**今**、私たちは自分の善き行為も悪い行為もすすんで忘れるのです。私たちはこの特別な作品の中で私たちが演じてきた役割、仮面をすすんで忘れ、私たちの衣装とその作品に関するすべてと一緒に、その仮面を捨てます。

もし私たちが、自分が知る最高の父性の例を思い出すことができれば、本当の父親は、敵意、短気、不寛容のせいで子供への自分の愛が妨害されることをけっしてゆるさないとわかるでしょう。そういった理解があれば、罰する神とか復讐の神についてのすべてのナンセンスが消えることでしょう。

神はあまりに純粋で邪悪を見ることができません。マスターは、「自分が地上に来たのは、自分の意志を為すためではなく、父の意志を為すためだ」と主張しました。では、神の意志とは何でしょうか？　それは、病気の者を癒し、死者を蘇らせ、罪人を赦すことです。そうであれば、そのとき罰する神はいるのでしょうか？　マスターは言いました。「わたしもあなたを罰しない」（ヨハネ8章11）。罰する神はいるのでしょうか？　彼は十字架の上の泥棒に言いました。「あなたはきょう、わたしと一緒にパラダイスにいるであろう」（ルカ23章43）。罰する神はいるのでしょうか？　そして、イエスは言いました。「あなたの罪はゆるされた」（ルカ7章48）。

マスターの全啓示の中で、彼が非難したとか罰したとかいう記録は何もありません。ただ彼は次のことだけを言いました。「もう罪を犯してはいけない。何かもっと悪いことが、あなたの身に起るかも知れないから」（ヨハネ5章14）。神がそのことであなたを罰するだろう、と彼は言ったでしょうか？　いいえ、私たちの罪それ自身が私たちを罰するのであって、神ではありません。まさに悪事が私たちのところへ戻って来るのです。悪事が戻って来るのに、私たちは罪深い行為をする必要さえありません。私たちがただ悪事への欲望、望みをもつだけでいいのです。不義の思考で女性を眺めることに対してイエスが警告したとき、彼はそのことを指摘しました。人はその行為を実行する必要はないのです。なぜなら、まさにメンタルな状態がそれ自身の性質の何かをもたらすからです。しかし、これは神の法則の下に生きることではありません。これはカルマの法則の下で生きることです。なぜなら、私たちが神の元にいるとき、どんな罪の可能性もないからです。

神が私たちより先に行って敵を罰してくれるというような、現在の異教的信念は古代からもたらされたものです。それで今日、世界中で人々は地上の平和を祈り、その平和を神に祈っていますが、神は彼らを無視しています。この地球全土で男も女も自分たちの子供のために、彼らの健康と安全のために祈っていますが、神はそういった願いも無視しています。もし神が善きことへの私たちの祈りに応えないとしたら、悪を罰する祈りに神が注意を払う可能性があるでしょうか？　私たちはどんな種類の神を崇拝しているのでしょうか？　この地上に他の人種や国より非常に優れているので、神がその人種や国のために別の人種や国を破壊する、そんな国や人種がかつてあったでしょうか？　私たちは今までに人間的に完全な人種、あるいは完全な国家をもったことがあるでしょうか？

前世紀（一九世紀）、二つの主要な戦争がありました。征服された人たちも勝利した人たちもともにキリスト教徒で民主的な人々でした。だったら、たとえば、ロシアがキリスト教徒の国で、民主的であるゆえに勝利の側にいると信じることは、どれほど想像を広げなければならないことでしょうか！　神は自分に責任のないことで功績を与えられたり、非難されたりしてきたことは明らかではないでしょうか？

私たちが「目には目を歯には歯を」（古代ハムラビ法典の言葉）の法則を信じているかぎり、カルマの法則を作動させています。私たちが他人に為すように、それが私たちに為されるのです。

私たちの刑事裁判所では、殺人を犯した人に死刑を宣告することで、この古来の法則が実行されています。その一方で、政府がその国の男女を大量殺人を犯すために送り出すとき、その人たちが殺されて戻って来ないようにあえて望むものです。しかし、これは政府がカルマの法則とカルマの法則の必然的結果を何も知らないからです。十戒の違反は罰則を免れません。あらゆる違反には罰がありますが、それは神の罰ではありません。それは私たちが作動させた行為や思考の結果としてやって来る罰です。

言い換えるなら、私たちは自分の今日によって、自分の明日を創造しているのです。私たちが今日するあらゆることが、明日か明後日の自分の人生に起こることを決定します。私たちはよく、「自分はこんな災難に値するようなことは何もしていないのに、どうしてそんな経験が私に起こるのだろうか?」と、不思議に思うものですが、それは真実ではありません。私たちは実際それらに値しているのです。たとえそれが個人的なことではなくても、私たちが人種や国家意識の一部であるという理由によって、です。一つの国の国民として、私たちは自分の政府の行為に責任があります。もし私たちが十戒に違反する行為を容認すれば、私たちはカルマの法則を作動させ、その必然的結果が私たちのところへ戻って来るのです。個人が自分の政府のカルマの法則を逃れる唯一の法則は、自分自身の内部でその行為を否認することです。

ある国民が都市全部を壊滅するような爆弾の投下を容認するなら、その国民は自分の政府のカルマ的経験の中に入り、その人がしっぺ返しでお返しされる日が来るにちがいありません。しかしながら、もしその国民がその行為を否認するなら、そして実際に、「私は政府が爆弾で他の国を破壊することを容認するくらいなら、爆弾に当たって自分の家族全員が破壊されるほうがいい」と本気で言うぐらいまでになれば、その意識状態の中で、その個人はその行為によって呼び出されるカルマの法則から自分自身を解放するのです。

だからといって、政府と戦う必要はありません。立ち上がって、政府にその罪を説教する必要もありません。ただ、私たちは自分自身の内部で十戒の違反に賛成しないことだけが必要です。

マスターが私たちに真のスピリチュアルな宗教を与えたとき、彼は十戒のうち九つの法則を完全に投げ捨ててしまいました。それらの代わりに、最初の戒律、「心をつくし、精神をつくし、思いをつくして、主なるあなたの神を愛せよ」（マタイ22章37）を採用し、これにいにしえのもう一つの法則、「自分を愛するようにあなたの隣り人を愛せよ」（マタイ22章39）を付け加えました。イエスがスピリチュアルな重要性を与えたのはこれら二つの法則だけで、それらは私たちが人生を生きるうえでの指針となっています。

「心をつくし、精神をつくし、思いをつくして、主なるあなたの神を愛する」ことは、私たち自身を神と神の法則に従属させることになります。自分自身と同じく自分の隣人を愛することは、私たちからカルマの法則を取り除きます。なぜなら、そのとき私たちは不正、間違ったこと、悪を自分に対してすることもなければ、望むこともないのと同じく、それらを他人にすることを考えたり、実際にしたりしないからです。他人を害したり傷つけたりすることを神に祈ることは異教的無知の形態であり、自分自身の個人的利益のために神に祈るのも、異教的愚かさのもう一つの形態にすぎません。

それゆえ、私たちがお互いに関わるとき、私たちは一つであるという感覚で、あるいはマスターが私たちに教えたように、「地上のだれをも、父と呼んではならない。あなたがたの父はただひとり、すなわち、天にいます父である」（マタイ23章9）という感覚で、私たちは完全に生きているのです。もし私たちが兄弟姉妹としてお互いを眺めれば、そのとき私たちの中にカルマの法則が発生しません。なぜなら、私たちの人生は愛と奉仕と献身と分かち合いの人生だからです。

もし私たちのお互いへの関係が純粋なら、ともに働き、分かち合い、あるいは何らかの方法で私たちがお互いへの祝福の道具となる機会以外に、私たちがお互いから得たいものは何もありません。見返りに、私たちは何も求めないのです。分かち合い、愛し、協力する機会だけで充分です。なぜなら、父がもっているすべては私たちのもので、父は私たちがそれを望むことなく、それを求めることなく、私たちに供給する手段をもっているからです。

自分の本当のアイデンティティにこのように気づくことは、この道にいるすべての人たちの間にスピリチュアルな絆を生み出します。そういった絆の中では、誰も他の人を利用することを考えません。誰も自己利益、自己拡大の観点で、あるいは本当の自己を分かち合うという考え以外の、いかなる形態の自己の観点からも考えないのです。

ついにこれが地上の普遍的関係となり、「目には目を歯には歯を」というカルマの法則の罰が、私たちの経験の中で作動しなくなるでしょう。

私たちが人間として表現する思考は私たちに戻って来ます。なぜならそれが、「**人は自分のまいたものを、刈り取ることになる**」という法則だからです。しかし、神はそのことに対して責任がありません。私たちがカルマの法則を作動させたのであり、それが私たちに戻って来るのです。まさに生まれたという性質によって、私たち全員がするべきでない行為をおこなった、あるいはするべきことをしなかったという罪を背負っています。そしてそれゆえ、カルマの法則の作動の元に自分を連れて来ました。当然、そのとき次の質問がわき起こります――このカルマの法則は壊されることができるのか？　それは終了できるのか？　そして、その答えは「はい」です。自分の思考と行為によって、あるいは人種的宗教的国家的意識によって、この法則を作動させたことを認め、そしてそういった思考や行為、意識を放棄し始めるその瞬間に、私たちはカルマの法則の作動を止めることができます。カルマの法則を壊す方法は、悔い改めることと、たえず愛と赦しの気持ちで生きることによって、です。そのとき私たちは、もはや人間でも死すべき存在でもなくなります。なぜなら、私たちはもはや死すべき生き物の思考を内部にもたないからです。

そのとき以来、私たちの経験の中に入って来る唯一のカルマは、人種的国家的なものだけになり、これもまた私たちは自分の意識の中では否認しなければなりません。しかし明日、戦争があるとして、私たちが兵役に呼ばれたら、それには応じなければなりません。「カイザルのものはカイザルに返しなさい」（マタイ22章21）。つまり、私たちは国民としての義務を果たさなければならないのです。なぜなら、もし私たちが自分の役割を果たさないなら、私たちがやるべきことを誰か他の人に押しつけることで、一時的にその面倒なことを自分から免除することになるからです。これは私たちが役目を受け入れるよりも、はるかに悪いことです。なぜなら、その徴兵に少なくとも応じたら、私たちはその行為を否認し、自分のためと同じくらい敵のために熱心に祈ることができるからです。私たちが「カイザルのものはカイザルに」返している間、敵の自由、安全と無事を祈ることができます。そのおかげで私たちは、国民として私たちに要求されていることを、憎しみも復讐心も執着心もなく果たすことによって、カルマの法則の罰から自分自身を解放するのです。

たった一つのことが「**人は自分のまいたものを、刈り取ることになる**」の法則から、私たちを解放することができます――それはまくことをやめることです。そして、まくことをやめる唯一の方法は、私たちのスピリチュアルなアイデンティティを認識することです。なぜなら、そのとき私たちは何かに手を伸ばしたり、陰謀を企てたり、握りしめたり、他人がもっているものを欲しがったりする必要さえなくなるからです。ただ私たちは、他人から奪うことなく、私たちのために提供してくださる父の素晴らしいやり方を眺めて、驚くことができるだけです。

「無限の道」では、私たちは法則があることを認めていますが、また「恩寵」と呼ばれる何かがあることも認めています。このことを次のように描写してみましょう。もし私たちが現代の形而上学で教えられてこなかったことがあれば、それは、私たちは物質的法則の支配化にあるということです。なぜなら、この人間的次元で私たちを苦しめる物質の法則があるからです――天候、感染、遺伝、環境、時間と空間の法則。世界のあらゆる人間が時間の法則の下にいます。事実、私たちは年月の経過を知るだけで、疲れて、弱体化し、消耗していると感じ始めます。

仮にも形而上学やスピリチュアルなヒーリングの経験があるあなた方は、スピリチュアルな理解があるところでは、こうした物質的法則はパワーではないことをすでに学んできました。それらは理論であり、信念ですが、それらを退ける恩寵があるのです。そのことは人間的次元で物質の法則がないという意味でも、マインドの法則がないという意味でもありません。それが単に言わんとしていることは、物質の法則とマインドの法則を両方退ける恩寵の状態がある、ということです。

私たちが恩寵の元に入るとき、どんな法則も作動しません。恩寵の状態であるスピリチュアルな領域では、あるパワーが別のパワーの上にあるとか、別のパワーを克服するとか、あるいはあるパワーが別のパワーを取り除くといったような、作動している二つのパワーはありません。正反対がないのです。スピリチュアルな領域では競合がありません。ただ恩寵の状態があるだけで、それ自身があらゆる物質的局面を排除する法則なのです。私たちが恩寵の元に入るとき、私たちはもはや善い健康も悪い健康も経験しませんし、豊かな供給も貧弱な供給も経験しません。私たちはスピリチュアルな状態に生き、その中では善いことも悪いことも、程度も比較もありません。ただ存在、聖なる存在、スピリチュアルな存在、一つの存在だけがあります。

私たちが健康と病気、豊かさと貧困という観点で考えることをやめ、スピリチュアルな観点で考え始めるとき初めて、悪い人間性を超越するだけでなく、善い人間性さえも超越するのです。私たちは十戒を超越し、イエス・キリストが二つの偉大な戒律の中で啓示したその意識へ上ります。その二つの戒律はただ唯一のパワーだけを認めます――一つの神、一つの神霊、一つの魂――そして、私たち一人ひとりがその同じ一つなのです。

これを認めることは最初の一歩にすぎません。これらの戒律は生きられなければなりません。

私たちがどうやって自分の敵を赦すのかを実際に学ぶために、それらは一つの意識の中で受け入れられなければならないのです。私たちがあらゆる人のまさに魂としての神の本質を認識することで、間違いを犯した人がその罪から上昇することを助けるにつれて、その人を非難も批判もしないことを学ぶのです。それは間違いを犯した人を大目に見ることではありません。あらゆる善き人が熱心に他人の欠点を許容し、彼らの罪さえ赦すことができます。あらゆる善き人はそのことができますが、「私は誰のことも見えません。神の顔だけがただ輝いています。神の魂があらゆる目を通じて眺めています」と言うことができるためには、スピリチュアルなヴィジョンが必要です。

そういった理解が病気や罪人を癒すわけではありませんが、そのおかげで彼らはより早く「死に」、彼らのスピリチュアルな自己性が明示されることができるのです。人間が自分の人間性に死ねば死ぬほど、その人の魂がより早く全面に来て、明示されることでしょう。

ある有名な賢人が、なぜ私がそれほどの時間をヒーリング・ワークに費やしているのか、とかつて私に尋ねたことがありました。たとえば、非常に高齢の女性が癒されることに何の意味があるのか、と彼は思ったのです。なぜなら、いずれにせよ、一、二年もすれば彼女は死んでしまうわけで、その間わずかに回復した健康が彼女にとって何のためになるのか、と彼は思ったからです。「彼女は癒されて、それで何をするのでしょうか――孫のために何か編むためでしょうか？」

私はその質問者の観点を理解しましたが、それは私の観点ではありません。私は老齢の女性が孫のために編み物をすることに関心がありません。私が関心をもっているのは、この地上のあらゆる人の魂、ここに永遠に残る魂が明示されることだけです。私は罪人をより善い人間にするために説教することにも、病人に治癒を与えて彼らを健康にすることにさえ、関心がありません。私は上昇スケールの中でこういったことすべての場所を認識していますが、それは私たちの究極の運命ではありませんし、私たちがワークをしている目標でもありません。

健康だとか豊かだという観点で考えないときが、今やって来たのです。スピリチュアルであるという観点で、考えるときがやって来たのです。自分が神霊であることを考え、そしてその神霊を内在させることを考えるときがやって来たのです。そうすれば、神の子として、すべての天国的豊かさをキリストと一緒に相続する者として、私たちは自分の遺産を主張できるようになることでしょう。私たちが次のことを考えるときが来たのです。もし私たちが磔《はりつけ》にされたら、私たちは墓から蘇ることができるのか？　もし私たちが十字架の上か人生の中で磔になったら、私たちは肉体の中で蘇り、まさにこの地上を再び歩き、話し、食べ、飲むことができるのか？

健康であり豊かであることより重要な何かが人生にはあるという理解が、私たち一人ひとりにやって来なければなりません。この地上を楽しみながら、ただ歩きまわるより重要なことが、人生には何かあるのです。人生にはより重要なことがあり、それは**生命**です。生命は永遠で、墓を知らず、病気を知らず、罪、貧困、戦争、欠乏を知りません。この生命に目覚めることができるでしょうか？

ほんのわずかでもスピリチュアルなヴィジョンを達成したあらゆる人は、自分の隣人たちの肉体的病気、精神的財政的病気を癒すことで、この生命に目覚めることを助けることができます。私たちはより豊かな感覚をもてるようにお互いを助け、スピリチュアルな真理を啓示し、それを分け与えることができます。そして、それによって、自分の隣人たちがその道を行くのを助けるのです。しかし、私たちが行くことができるのはそこまでです。

そのあとは、新しい人が生まれることができるように、一人ひとりが自分自身の意識の内部で、古い人間に対して死ななければなりません。一人ひとりが、「それは為されることが可能であり、この地上を歩いた人たちでけっして死ななかった人たちがいる」と認識することで、自分自身でそれをしなければならないのです。もし私たちが意識の中を充分に高く上れば、彼らと一緒に居住することができます。

今でも、イエス・キリスト、モーセ、アブラハム、老子、仏陀、ヨハネと語り合うことができる人たちがいます。どうしてそうできないことがあるでしょうか？　私たちは隣にすわっている友人と語り合うことができます。しかし、「私の友人たちは生きています」と、あなたは言うことでしょう。これらの偉大な魂たちもまた生きているのです。スピリチュアルな悟りに到達したあとは、誰も死にません。物質以上の何かが人生にはある、目に見える以上の何かがあるというほんのわずかな理解があれば、それは人が死ぬことを防ぐのに充分な悟りです。必要なことは、神意識の一粒だけです。

だからといって、私たちがこの地上を永遠に歩くわけではありません。それは計画の一部ではありません。私たちの子供たちが永遠に子供のままでいることは意図されませんでした。彼らは青年、大人、そして最終的には成熟に到達しなければなりません。異なった状態と意識の段階があり、私たちの誰も同じ状態に永遠に留まってはいないのです。もし成熟の年齢に到達したあらゆる人が、一つの人生の段階を超えて、次の段階に自分を合わせるように成長したなら、中年以後の私たちの人生はもっとも充実し、喜びに満ち、幸福で繁栄するものとなることでしょう。

私たち一人ひとりの内部に神の子がいます。キリストは二千年前に地上を歩いた人ではありません。地上を歩いた人はイエスでしたが、キリストは人間の中にある神霊です。イエスの超越意識だったのはその神霊でした。私たちの中の神の子はその超越意識です。その機能は、病気を癒し、私たちに衣食住を供給し、私たちの安全、防衛、安心となることです。それはガリラヤ（イエス・キリストの初期の伝道活動の場所）でも同じでした。

それを利用するためには、私たちは報酬と罰の神を放棄して、暗さのない――人間的特質と死すべきものの特徴のない――愛の神を受け入れなければなりません。私たちが神をこのように知るとき、私たちはもはや神も神の怒りも罰も恐れません。神は愛であり、神は永遠の生命であることを理解するとき、私たちは病気、死、老いの脅迫の元にいないのです。なぜなら、神の中にそんな物事への準備はないからです。

マスターの機能、つまり、私たちの中のキリストの機能は、年齢、罪深い思考と欲望、病気、欠乏、制限、そして究極的には最後の敵、死それ自身を無効にすることです。もし私たちが神霊をまくなら、もし「私と父とは一つであり、分離も分割もできない」というスピリチュアルな真理に定着するならば、たとえ「わたしが陰府に床を設けても」(詩篇139章8)、「たといわたしは死の陰の谷を歩むとも」(詩篇23章4)、私と父はそのときでもまだ分離も分割もしていません。私たちは一つであり、父がもっているすべてのものは私たちのものです。それは私たちがそれを稼いだからでも、それに値するからでもなく、神の恩寵によるものです。

神がすることには、理由がありません。神の愛は母の愛に劣るものでしょうか?　母親が子供のためにすることは、理由がありません。彼女は子供から何のお返しも求めません。母親は愛情から、その子へ自分自身を注いでいることを知っています。母親はけっして子供を罰しません――もちろん、躾はしますが、普通の母親であれば、罰したりはしないものです。人間の母親は過ちを犯す子供を、善い子よりも愛さないものでしょうか?　そうではなく、ときには過ちを犯す子供をもっと愛することだってあります。母親は神よりも愛を知っているのでしょうか？　神は人間の母親よりも劣るものでしょうか？

神は一人の超人的存在ではありません。神は人間的感情をもった人ではありません。神は同情したり、非難したりしません。神は存在しています。そして、神が存在していることを認めることができるすべての人に、神は開かれています。いったん私たちが、神は人間に影響されることができず、人間からの命令を受け取らないことを理解するとき、あるがままの神以外の何かに神がなるように、と懇願する私たちのすべてのナンセンスな祈りが止まるのです。神は私たちが正義、愛、慈悲だと考えるものを受け入れません。しかし、もし私たちが**静かな小さい声**を聞こうとするなら、神は神自身の正義、愛、慈悲を私たちに分け与えてくれることでしょう。神の全能、神の全知、神の遍在を理解することで、神に敬意を捧げましょう。神に祈る代わりに、私たちが**静かな小さい声**を聞くことができるように、自分自身の内部で静寂になりましょう。

3章　パワーを超えて

人が誰かや何かにしがみついているかぎり、その人は神を見つけることはないでしょう。人間としての自分が人間のマインドで知ること、知りうること――それが物であれ、思考であれ、それは神ではありません。何かよって立つべきもの、何かしがみつくことができるもの、何か自分が考えることができるものをもっている間は、誰も神を発見しません。それは驚くべきことで、信じがたいことに見えるかもしれませんが、それにもかかわらず、それが真実です。

私たちのほとんどが人生の善き物事を自分にふさわしく、そして悪い物事も少し経験してきました。私たちは悪い物事を喜ばなかったかもしれませんが、善き物事の中に永遠の幸福を見い出さなかったことも、疑いもなく認めることでしょう。すべての幸福を超えた何かがあるのではないか、と私たちの多くが思ったにちがいありませんが、ではそれは何でしょうか？　その何かとは何でしょうか？　それは神でしょうか？　もしそうなら、人々が神と呼んでいるものは何でしょうか？　神とは単なるはかない希望、無意味な夢でしょうか？　それとも、神の存在に目覚めることは可能でしょうか？　神を知ることは可能でしょうか？

神の探求は誰にとっても簡単なことではありません。そして、神の啓示が実際にやって来るとき、それは私たちが期待したものとはあまりに完全に異なっているので、正直な人であれば、それは自分の理解を超えていると告白せざるをえないことでしょう。話され、書かれてきた言葉を通じて、何千もの様々なやり方で啓示される中で、人は自分の発見を確証します。それからそれを何年も何年も生きることでやっと、それがマインドに銘記されるのです。

宗教が発展してきたのは、遠い過去のどこかで、人間が経験の中で様々な問題にたえず出会ったからです。もし彼らが漁師なら、ある季節には魚がよくとれないことに気づきました。もし彼らが猟師なら、獲物が欠乏している時期がありました。そして、農業に従事している農民であれば、ある年は雨が多すぎ、また別の年は雨不足でした。ときには国境を超えて敵が侵入して来て、彼らを迫害し、そういったときはほとんど常に強者が弱者を征服し、より力のない者たちから剥奪し、しばしば彼らを奴隷の地位に貶めました。仮に彼らが捕虜を肉体的に完全に奴隷状態にしておかないとしても、彼らを精神的奴隷状態におき、簡単に搾取できるように、できるかぎり彼らを暗黒状態の中においておきました。しかし弱者が強者になるとき、その光景は反転したのです。

人類の歴史は、強者が常に弱者から奪ったことを示しています。銃弾が弓矢をもった人たちを圧倒し、それから大砲が銃弾を圧倒し、ついに爆弾が大砲を圧倒しました。別のパワーを圧倒するために一つのパワーが常に使われてきました、そして、最後の手段として、人間は神に向かい、自分がもっている武器よりも神が強大であることを望むのです。

旧約聖書には、敵を破壊するために神を呼び起こした人々と国々の話があふれています。これらの敵は自分たちよりも邪悪で、それゆえ破壊されるに値するというふうには通常語られず、ただ彼らは敵の土地や敵の奴隷が必要だとか、彼らは敵が所有している何か他のものが必要だと書かれてあるだけです。彼らが神に祈る全目的は、神が敵を一掃し、彼らに繁栄をもたらしてくれるためです！

今日でも、それがほとんどの人にとって神が意味することです――つまり、何か人間が使うための神です。そして今ようやく、人々は彼らの敵を単に心配する代わりに、新たに彼らの病気と罪を取り除く責任も神に任命しました。人々は自分を悩まし、苦しめるパワーを打ち負かすための、より大きなパワーを常に求めています。

今日、世界はかつて神に期待された、あるいは神にあるとされてきたものよりも、はるかに大きなパワー、巨大なパワーの発見を目撃しました。そのパワーとは、もし攻撃する側がそれを最初に手に入れることができるなら、敵をほとんど即座に一掃できる物質的パワーだったのです。世界はまたメンタルなパワーも発見しました。しかし、誰もまだ肉体的領域でもメンタル、スピリチュアルな領域でも、世界の罪、病気、貧困を破壊、ないし克服することができるパワーを発見していません。

文明の利器にあふれている現代の世界も、アブラハム（ユダヤ民族の父）、イサク（アブラハムの子）、ヤコブ（アブラハムの孫）の時代とまったく同じことを求めています。世界は、私たちの異教徒の祖先たちが祈ったのと同じことを神に祈っているのです。ありとあらゆる困難の克服は、どんな種類のパワーの使用を通じても為されるわけではないという、偉大な教訓を人間はまだ学んでいません。もしこの数千年の間、間違いを克服するパワーを求めるという愚かしさを世界が学んでいないとすれば、世界にはその動乱のコースを追求させておくほうが賢明なことでしょう。その間、私たちは破壊されるべきパワーは何もないことを実証しながら、高い道、無限の道を歩くのです。なぜなら人生は、「権勢によらず、能力によらず、わたしの霊によって」（ゼカリア書4章6）生きられるべきだからです。

ジェネラル・エレクトリックの鬼才、チャールズ・スタインメッツ（ドイツ生まれの米国の電気技術者・発明家。一八六五〜一九二三）が今から四〇年前に、「世界における次の偉大な発見はスピリチュアルなパワーであろう」と言ったとき、その言葉は予言的でした。しかしながら、彼が言及したこのスピリチュアルなパワーは、パワーという言葉が一般的に受け入れられている意味においては、パワーではありません。スピリチュアルなパワーとは、パワーの欠如のことです。つまり、それは世界がパワーとして認識できるものではないという意味で、どんなパワーでもないのです。なぜなら、それは物理的でもメンタルでもないからです。それは人間によって操作されうるパワーではなく、だから真理を使うといった言葉が古めかしいのです。真理は使用されることができません。神は使用されることができません。人間が神を使うことを想像してみてください！「人間が神を使う」、まさにその思考がショックです。

スピリチュアルなパワーがついに理解されるとき、それは非パワーとして啓示されることでしょう。非パワーはどういう意味でしょうか？　非パワーとは、二つの力が相争っておらず、一つのパワーがもう一つのパワーを破壊するために使われるというような、二つのパワーがない意識状態を意味します。言い換えるなら、自分の敵を破壊するために誰かが使うことができるスピリチュアルなパワーはない、ということです。現在世界が依存している原爆に代わって使われる、スピリチュアルなパワーは何もない、ということです。

私たちの中には、自分が使いたいと希望するパワーがスピリチュアルなものであるかぎり、その使用は正当化されると考える人たちもいます。しかし、私たちが本当にやっていることは、私たちが爆弾に依存しているまさにその同じことを、スピリチュアルなパワーにも期待しているということです。まだ発見されていない何かのパワーを発見することで、すでに見つかっているパワーができなかったことをすることが可能だなどと、騙されて信じないようにしましょう。何かを破壊したり克服したりするスピリチュアルなパワーを、私たちが発見することはありません。その代わりに私たちは、結果の中や形態の中に善や悪があるという信念を克服するのです。

私がこのパワーについて瞑想するように導かれたとき、人生のすべての混乱と対立の原因は、二つのパワーに対して深く居座っている信念であることがわかりました。そして、その信念の結果が、自然の第一の法則としての適者生存、自己保存というような主張と、戦争とほとんどあらゆる人間生活の活動におけるパワーの使用を生み出すのです。あらゆる時代を通じて、一つのパワーを克服するために、破壊するために、置き換えるために、別のパワーが使われてきました。しかし、このようにパワーを使ってきたにもかかわらず、時の始まりに地上に存在したのと同じ悪がまだ世界を苦しめているわけです。年月の経過はいかなる意味においても、悪のパワーを排除も破壊もしてきませんでした。

瞑想中にこのことについて考えているとき、次の質問が私のマインドに思い浮かびました。「このことは、人間が探し求めているものは、これら他のパワーに何かをするためのより強大なパワーだという意味だろうか？　物質的パワーを破壊し、それに置き換わるスピリチュアルなパワーが存在することは可能だろうか？　そして、そういったスピリチュアルなパワーが仮に発見されたとして、何らかの悪がそれを使うとしたら、究極的には、そのスピリチュアルなパワーを破壊する別のパワーも、世界はまだ発見しなければならないことになるのではないか？　その限界は何だろうか？　どこでこの全部が止まるのだろうか？」

どんな種類であれ、パワーが使われるところでは、それが善にも悪にも使われる潜在的可能性が常にあったことを、私は知っています。「どうしてそうなりえるのだろうか？」という質問を私は瞑想の最中に尋ねたのです。「神が定めている世界にあって、神のパワーが悪と善の両方に使われることが可能なのか？」

電光のごとく瞬間にその質問が自ら答えました。「いいえ。もしあなたが神のパワーとは何かを発見するなら、それは正反対も対抗するものももたないものです。それは善のためにも悪のためにも使われることはできません。それは善を創造し維持し支援するパワー、私たちによって使われることができないパワーのままでいることができるだけです。**神のパワーは使われることができないのです**――それが私たちを使うことはできますが、それは**私たちによって**使われることはできないのです」。これこそ、世界が待ち望んでいるパワーであり、パワーではないことが証明されるパワー、誰も使うことができないパワー、しかし神それ自身［原書注1］だけが表現し、活性化し、誘導することができるパワーなのです。

二つのパワーへの信念があるかぎり、善のためにパワーを使おうとする人たちと、悪のためにパワーを使おうとする人たちがいることが、そのとき私に非常に明確になりました。しかし、ほとんどの人間は惰性のため善のために積極的な立場を取ることができず、たいてい悪が優勢になるのです。

主にパワーが物質的力にあったとき、善の物質的勢力と悪の物質勢力の両方が活動していました。それからメンタルなパワーが優勢な時代があり、しばらくの間はメンタルなパワーの最盛期で、それはヒーリングと再生のために使われました。しかしまもなく、メンタルなパワーは善い目的のためだけでなく、悪い目的のためにも使われうることが発見されました。今日の世界は物質的勢力とメンタルな勢力の両方の時代です。現代の挑戦とは、あらゆる種類の勢力やパワーの使用を超えて、非パワーへと向かうことです。

肉体の領域やメンタルな領域のあらゆる状況に生み出されるうる善の一かけらに対抗して、この世界の誰かがそれに相当する量の悪のパワーを使う方法を発見します。相反する勢力同士の戦いに対する究極の解決法は、神のパワーへ上る能力で、それは善のパワーではなく、創造し、維持し、支えるパワーです。つまり、パワーがなにもない、つまり、使われうるパワーが何もない生命の次元へ上昇するのです。

神が創造した宇宙では、生命の秘密はパワーがない、ということです。私たちがパワーのない場所へ来るとき、**どんなパワーも、私たちに反して、私たちの中で、私たちを通じて、作動することはできません。**このことは私たちを非常に謙虚な立場に置き、そこでは、どれほど私たちがそれを好まないとしても、イエスのように、「わたしは、自分からは何事もすることができない」（ヨハネ5章30）と認めなければなりません。

これがこのメッセージの目標です——私たちが、「わたしは、自分からは何事もすることができない」という声明に、口先だけの同意をせず、それが実際の真実であることを実証し、非パワーである神のパワーが何であれ、それがそれ自身を主張し、仕事をすることをゆるす場所へ来ることです。

この原理には二番目の部分があり、同じくらい重要で、最初の部分の当然の結果です。人間は常に他のパワーを打ち負かすパワーを求めてきた、と私は言いましたが、彼らはそれ以上の何かもまた求めてきました。彼らは自分に**物質的物事**——食料、衣服、家を与えてくれるような神を求めてきたのです。

マスターはそれを知っていたがゆえに、自分に従う者たちに、「何を食べようか、何を飲もうかと、自分の命のことで思いわずらい、何を着ようかと自分のからだのことで思いわずらうな」（マタイ6章25）と警告したのです。イエスは、はるか昔の時代から、人々が食料、衣服、家、仲間、供給、豊作、大漁、大猟を自分に与えてくれる神を求めてきたことを知っていました。そしてイエスが、人々にそういったものを追い求めることを、やめるように命令したにもかかわらず、二千年後の今も世界の人々はいまだ教会に行って、新約聖書が祈ってはいけないと訓戒したまさにそういった物事のために祈っているのです。人々はいまだ自分に**物質的物事**を与えてくれる神を求めては、失敗しています。それはちょうど、彼らが自分の敵を破壊する無敵の神を発見することを失敗したようなものです。

私たちが神のパワーを求めることを放棄するとき、私たちの生活に調和をもたらす非パワーを発見することでしょう。私たちが神の物事を求めるのを放棄するとき、私たちは最大の贈りもの――神それ自身を受け取ることでしょう。私たちは意識の中で、私たちの内なる聖域、寺院の中で、もっとも高い秘密の場所で神を受け取ることでしょう。しかし、それは自分自身の内部以外の場所では見つからないものです。学ぶべき最大の教訓は、目標は神に目覚めることであり、それ以外の目的のためではないということです。

するとと人々の中には、「私は健康ではないほうがいいのでしょうか？」とか、「私は豊かな供給を得ないほうがいいのでしょうか？」と考える人たちがいます。それに対する私の答えは、「いいえ、たぶん健康も供給も豊かにもったほうがいいでしょう」というものです――たぶんもつことでしょう。なぜなら、神の恩寵はこの人間的場面のように見える場所においてさえも、私たちが必要としているものを豊かに供給しているからです。しかし、私たちはこれらの物事を神から得るどんなパワーももっていません。ただ私たちが実際に意識的に神に目覚めるときだけ、苦痛、欠乏、制限が消えるのです。

不幸なことに、病気の人たちや貧しい人たちがまだいることでしょう。貧しい人たちは常に私たちのかたわらにいます――健康が貧しい人たち、財布の中身が貧しい人たち、精神が貧しい人たち。私たちはこういった人たちと、できるかぎり自分の豊かさを分かち合います。それ以上は私たちにはどうすることもできません。私たちは、彼らが必要なものや欲しいものすべてを与えることはできません。これは不可能です。なぜなら、「鼻から息の出入りする」人間が必要なものや欲しいものは、終わりがないからです。しかし、物事を求めることが空しいと理解するまで、その人は満たされることはないでしょう。

なぜ私たちは神のパワーを探し求めることをやめないのでしょうか？　あるいは、私たちを健康にし、繁栄させてくれるだろう、と私たちが考える何かの思考や真理を探し求めることを、なぜやめないのでしょうか？　そして、私たち自身では何もできないこと、そして自分の敵を破壊するパワーを発見した人は今まで誰もいないことを、なぜ認めないのでしょうか？　この世界のすべての悪は、「肉体の武器」を構成しているにすぎないという理解に落ち着き、その悪を——押しやることによってでもなく、無理やり外に出すことによってでもなく——**通り過ぎるままにしておくこと**によって、私たちの経験からそれがしだいに消えるようにしましょう。肉体的あるいは精神的に奮闘することによって、何も達成されません。なぜなら、奮闘することは、私たちの経験の中で悪のパワーのように見えることをただ増やすだけだからです。罪、偽の欲望、病気、欠乏、制限のパワーの感覚を間違って享受しているのは、あなたと私であり、パワーのその感覚は物事が何であれ、それ自身はもっていません。ですから、肉体、メンタル、スピリチュアルな領域で発見されたどんなパワーも、望まない状況を取り除くのに充分だったことは一度もなかったのです。

「私にはこれが必要だ、あれが必要だ」、「私はこれが欲しい、あれが欲しい」、「私にはこれがあるべきだ、あれがあるべきだ」という思考が私たちに来るたびに、私たちの答えは次のものでなければなりません――「人はパンだけで生きるものではなく」（マタイ4章4）――つまり、人は結果、創造されたものによってではなく、神霊、創造者によって生きるのです。私たちが外側の領域の中の誰かや何かへのあらゆる欲望を克服するまで、常にこの理解があるべきです。私たちは目に見えるものによってではなく、目に見えないものによって生きているという理解の中で、目に見えるものへのすべての欲望を失わなければならないのです。そのとき目に見えない無限が、私たちの経験の中に私たちの日常生活に必要な人、物、環境、状況を生み出すのです。

同様に、何かのパワー――私たちの生活を見たところ支配し、私たちが取り除きたいと思う何らかの否定的なパワー、悪のパワー、間違ったパワーのことを考え、それを無効で無力のものにしようと誘惑されるたびに、次のことを理解して、微笑むことにしましょう。「いいえ、私はこの不調和を克服するためのどんなパワーも必要ではありません。私が神とは何かを知らないにもかかわらず、神が存在しています。神が何かを私が知りえないのは、それが人間マインドの理解の限界を超えているからです。もし神や真理とはこういうものだ、と私が信じるものを何か考えることができるなら、最終的には自分が考えることは神ではない、と私は発見することでしょう。そして、これが非常に長い間続き、ついに私たちは自分が神を考えることができるなら、それは神ではないと理解するに至るのです。

自分のマインドの中の神の思考が神でありうる、とどうして人は信じることができるでしょうか？　そんなことをすれば、神を特定の場所に限定し、制限することになることは明らかでしょう。偉大なるソロモン王（紀元前一〇世紀のイスラエルの王）は、自分が立てた荘厳な寺院でさえ、神を住まわせることはできない、とよく理解していました。神を住まわせるほど大きなものは何もありません。全世界をもってしても、神を住まわせることはできません。それにもかかわらず、私たちは自分のマインドの中に犬小屋や鳩小屋を作って、神がそこにいると考えるのです。その理由は、単に私たちが神の名前を「マインド」、「生命」、あるいは「愛」に変えて、神を思考の中につなぎとめ、そこで私たちは自分が神にしがみつくことができると思うからです。それは何と愚かなことでしょうか！　それをするだけ充分に大きな知力を築くことは、どれほど不可能なことでしょうか！　人間の全世界をもってしても、神を包容するほど大きくはないのです！

神が存在していること、そして私たちのまわりの生命の中にその証拠があることを知ることで、満足しましょう。その証拠とは、同類が同類を生む法則の中に、ときには愛のない世界に見える世界に存在する豊かな愛の中に、あまりに多くの美しさがたえず破壊されている世界に存在する、はかりしれない美しさの中にあります。

神が何であるかを私たちは知りませんが、神が在るという質を観察し、目撃する非常に多数の方法があります。それは、神を知ることによるのではなく、神の結果を見ることによって、です。神がどのように機能するかを私たちは知りませんが、「無限の道」では、神は静寂の中で機能することを発見しました。そのとき思考が静まり、人間的自己感覚が非常に謙虚になるので、「わたしは、自分からは何事もすることができない」ことを本当に心から信じ、神の栄光が啓示されるのを辛抱強く待つことができるのです。

それができるのは、自分がいだくすべての神の観念を放棄し、想像したり、考えたり、思い描いたりすることをやめる準備ができた人たち、完全なる明け渡しの中で、神がそれ自身を啓示することをゆるす人たちだけです。

神よ、私はあなたが何か知りませんし、どうやってあなたに祈るのかさえ知りません。私はどうやって中に入るのか、どうやって外に出るのか知りません。私は何を祈るべきか知りません。

私は世界が受け入れてきた神を信じることができません。なぜなら、そういった盲目的信仰のあとに続くものは、実りのない挫折であることを私は見てきたからです。私は誰も知らない神、存在する神、この宇宙を自分自身のイメージと似姿――完全で、調和して、無傷である――に創造した神、その無限で永遠なる完璧さの中でこの宇宙を維持し、支えている神を発見しなければならないのです。

父よ、あなた自身を啓示してください。どうか私にあなたの意志を見せてください。もし私が自分の必要なものをあなたに告げ、それからあなたがそれを私に配達してくれるように無理強いしたら、それはあなたの名誉を汚すことになるでしょう。ですから、私はそんなことはけっしてしません。私は自分の意志や自分の命令をあなたが為すこと――あなたが私の使い走りになることをけっして期待しないでしょう。

私は自分の人生、自分の手、自分の存在、自分の体をあなたの管理にまかせます。父よ、あなたが望むままにそれらをお使いください。私の罪、私の恐れ、私の病気を取りあげてください。私の健康と私の富を取りあげてください。それら全部を取りあげてください。私はたった一つの贈りものだけを願います――あなた、あなた自身という贈りものです。［原書注2］

私たちは、自分の準備ができたときだけ、こういった受容性の状態に到達し、それに反応することができます。そして、私たちの準備は、世界が私たちに提供してきたすべての様々な形態の神を、私たちが試したあとで初めてやって来ます――宗教的世界の神、形而上学的神、私たちが使うことができる神、物事を実現する神。私たちがあらゆる種類の神を試し、その試行の終わりに来たとき、私たちはようやくこの明け渡しへの準備ができます。つまり、自分の敵を破壊してくれたり、私たちに贈りものを浴びせてくれたりする偉大なパワーの希求を、放棄する準備ができるのです。私たちはそういった種類の神への願望を放棄し、「神が在ります。あなたの恩寵だけで充分です――パワーでも力でもありません。人は外部のパワーや外部の物事によって生きるのではなく、神の言葉によって生きるのです」というこの言葉の中に安らぐのです。

昔、形而上学へ飛びこんだ私たちは物質的パワーと物質的手段への信念を失いました。そして今度は、メンタルな手段――メンタルなパワーとメンタル的治療への信仰も放棄するという、次のステップを私たちが取るときが来ます。そのとき、経験されることができるにもかかわらず、マインドでは知られることもできず、使われることのできない本当の神のところへ到達するのです。

原書注1――世界のスピリチュアルな文献では、様々な神の観念が、「父」「母」「魂」「神霊」「原理」「愛」「生命」などの言葉で示されています。それゆえ本書の中で著者は、神に言及するとき、代名詞「彼」と「それ」、「彼自身」と「それ自身」を相互交換できるものとして使っています。

原書注2――本書の数行にわたる太文字の部分は、高められた意識の最中に著者に自然発生的にやって来た瞑想であり、それは、いかなる意味においても、肯定的宣言、否定的宣言、決まり文句として使われるように意図されたものではありません。それらは自由に流れる神霊の例として役立つように、ところどころ本書の中で挿入されています。読者が神の存在を実践する（訳注：内なる神の存在に気づいて生きるくらいの意味）につれて、その人もまた高揚した瞬間に、神霊の流出として、常に新しく新鮮な霊感を受け取ることでしょう。

第二部

非現実から実在《リアル》へ

4章　誰があなたに言ったのか？

創世記の秘密が解かれるまで、世界は一つのパワー対別のパワーという対立を超えて、非パワーの領域に入ることはけっしてできません。最初の聖書の本である創世記の中に、創造に関して矛盾し、対立する二つの記録があります――最初の章は明らかに神との完全な融合を達成し、この全宇宙は、意識が形として現れたものであることを見た神秘家の作品です。その一方で、それに続く章は、マインドの創造による説明が含まれています。

創造の最初の記録は、完全に純粋で永遠である意識の活動の啓示です。それはスピリチュアルな宇宙の展開を物語っていて、そこは太陽や月がある前に光があり、種が植えられる前に大地に穀物があり、女性がいる前に人間がいる宇宙です。意識から形成されるものは、けっして生まれることはありません。それは単に意識の流出にすぎず、始まりがないだけでなく、終わりもないのです。なぜなら、意識があるかぎり、意識は**形態化される**からです。意識が形として現れるとき、それは種として現れるか、あるいは成長のプロセスをまったく経ず、完全に成長した木として現れることができます。

私たちが神ないし魂と呼んでいる意識は、それ自身をスピリチュアルな宇宙として表現し、その中では妊娠も誕生も何もありません。言い換えるなら、創造とは、神がそれ自身を個人的アイデンティティとして顕現する、つまり、人間、動物、植物、鉱物の形態として自分自身を表現する処女懐胎なのです。ですから、現実には、神、意識がこの地上のまさに本質であり実体で、その同じ意識が私たちの本当のアイデンティティであるように、岩、砂、土壌として現れているものもそうなのです。

創世記では、神がアダムとイヴを創造し、善と愛と美に囲まれて完璧さと調和の中にあるエデンの園に彼らを住まわせていたことを、私たちは学びました。それから、エデンの園に何かが入って来て、それを破壊するまで、そこは喜びと調和が支配していました。アダムとイヴがエデンから追い出されるまでは、その何かが何であるのかは常に不可解なままでした。それにもかかわらず、その謎全体は創世記の第2章、第3章で説明されています。

エデンの園では、アダムとイヴは裸でしたが、彼らは自分たちが裸であることに気づきませんでした――彼らは肉体をもっていましたが、彼らが純粋なマインドであるかぎり、肉体の中には何の恥もありませんでした――それらは普通で自然のものなので、なぜ恥ずかしく思うことがあるでしょうか？　それにもかかわらず、次に私たちが読むことには、アダムとイヴは自分たちの体を恥ずかしく思ったとあります。なぜなら、彼らは自分たちが裸であることを知ったからです。突然、悪の信念が彼らのマインドに入り、そして彼らは蔽《おお》いを掛け、隠し始めたのです。彼らのマインドの悪の信念以外、何を彼らは蔽い、何を隠しているというのでしょうか？

ですから、神はアダムに尋ねたのです。「お前が裸だと誰が言ったのか？」その問いかけの中に、人間の人生の全本質があります。私たち全員が、アダムが置かれたのと同じ苦境の中にいます。私たちが善と悪の信念を享受するかぎり、私たちは隠れているアダムであり、エデンの園の外にいるアダムなのです。そしてそれゆえ、私たちは自分の「裸」を蔽い隠しています。

あらゆる人が誰かや自分自身から隠れていて、何かが明るみに出るのを恐れて、それを自分自身の内部に隠しているのです。なぜでしょうか？　なぜなら、その人は善と悪の領域にいるからです。これは善くてあれは悪い、と誰がその人に言ったのでしょうか？　体を露出するよりも、蔽い隠すほうがより道徳的だ、と誰がその人に言ったのでしょうか？　罪がある、と誰がその人に言ったのでしょうか？　誰がこの状況を作ったのでしょうか？　まさに神のこの質問から、神がそれをおこなったのではないことは明らかです。神は裸の体にどこか悪いところがあるとは言いませんでしたし、また地球上に何か悪いことがあるとも言いませんでした。

伝統的宗教的意見では、エデンの園に忍び込んだのはセックスだとされていますが、それはリンゴでもセックスでもありません。その罪とは二つのパワーを受け入れたことでした。そして、人間が善悪の知識の木から食べ始めたとき、自分自身に二重の世界を引き受け、あまりに純粋なので邪悪を見ないとはもはや言えなくなるのです。なぜなら、人間は善と悪の両方を見て、知ったからです。

創世記の第2章は、それがマインドの創造による説明であるという点で、第1章から根本的に分かれます。それは外部化した現実ではなく、マインドがメンタルなイメージを生み出すのです。つまり、マインドが天候のように変化する思考として現れますが、その思考はマインドの領域を超えて存在の領域へ浸透することはできません。

物事の真理においては、人が2×2は4であると考えても、2×2は4ではないと考えても関係ないのです。2×2は**いつも4で、4で、4で、そして、存在しています。**それは思考とは何の関係もありません。たとえ私たちがそう考えなくても、それはそうであることでしょう。なぜなら、それは存在しているからです。考えることで何かを真実にすることはできません。しかし、傾聴するという内なる静寂の中で、私たちは神のことを教えられ、その中で神が声を発し、地上が溶け、罪、病気、そしてすべての欠乏が消え、存在しているものを神は私たちに授与します。存在の領域で初めて、私たちは思考の外側に出て、そこは存在するものが在るところです。

善い思考をもったことがない人がいるでしょうか？　悪い思考をもったことがない人がいるでしょうか？　楽しい思考と不愉快な思考、健康的思考と病的思考、純粋な思考と罪深い思考をもったことがない人がいるでしょうか？　なぜかと言えば、マインドだけから出て来る思考は善いものか悪いものか、常にどちらかだからです。

こういったメンタルな創造は、神霊ないし意識の創造ではなく、偽の肉体的マインドの創造、善と悪の両方から構成され、正しく考えたり、間違って考えたりするマインドの創造であり、その指針として意識も神ももっていません。全感覚世界は、私たちが見、聞き、味わい、触れ、嗅ぐものから成り立っていますが、この肉体的マインドの創造として以外、何の実存ももっていません。そして、その性質によってまさに初めから、有限で非現実で不安定で、善から悪へ移行し、また悪から善へと戻る思考以外に、それを支えるものが何もないのです。

創世記の第2章は活動中のマインドを描写している、と私たちが認識する瞬間、マインドを破壊する秘密を得ます――それは、マインドと思考を超えることです。神の思考は私たちの思考ではありません。私たちは神の思考を考える能力がありませんが、マインドが思考を超え、超越されたとき、静寂が思考に取って替わり、神が私たちを通じて神の言葉を発することができるのです。

私たちが思考の領域を超え、何かや誰かが善いとか悪いとかという意見をもたない高い場所へ上り、神の指示を受けるために喜んで完全に透明になるとき、そのとき神が私たちの耳元で話し、私たちにスピリチュアルな現実を見せてくれます。その現実は、「神を喜ばすことができない」肉体の人間がいるように見える場所にまさにあります。しかし神が話す瞬間に、肉体の人間は神の子に変身させられ、即座にエデンの園に戻り、そこでは人は神の子として神の統治の元で生きるのです。

二つのパワーへの信念のせいで、私たちは正反対の両極――調和と不和、貧しさと豊かさ、死と生、病気と健康の間を揺れ動くという罠に陥るのです。それに対して、たった一つのパワーしかなく、形の中には善いことも悪いことも何もないということを理解し、自分の内なる存在に落ち着く能力が、私たちを解放し、人知を超える平和をもたらします。

唯一の悪魔は善悪の知識です。私たちがこれは善いと決めるので、私たちにとってそれはそうなるのです。あるいは、これは悪いと決めるので、それはそうなるのです。その一方で真実とは、「善いことも悪いこともなく、考えることがそうする」というものです。それから、正反対の両極を取り除くためには、私たちはメリーゴーランド的マインドを止めなければならないのですが、それは実際、そう聞こえるほど難しいことでも、非現実的なことでもありません。

私は何度も、「どうやって考えることを止めるのですか？」と尋ねられました。そして、私はたった一つの方法を発見しました。私がどんな人や状況を見ても、それは善でも悪でもないことを私が知る瞬間、私の思考は止まり、私のマインドは静かになります。それで事の終わりです。なぜならそのとき、私が考えるべきどんな思考も残されていないからです。私はそれを善いとも思わず、また悪いとも思わないのです。私が知っていることは、ただ**それが在る**ということだけで、それから私はすべてのパワーが存在する自分の存在の中心に戻ります。私たちのマインドは、私たちが物事や人々について善悪の観点で考えるときだけ、騒がしくなります。しかし、私たちがすべてのそういった観念を明け渡したとき初めて、マインドは静かになるのです。

私たちは、人類という種にやって来る想像しうるかぎりのあらゆる間違いに、いやというほど頭をぶつける経験をしてようやく、ただ神だけがいるので、何も善いことも悪いこともないと理解します。そして、その理解によって、少なくともその間違いの一部が無効になったことを見ます。そのときついに、私たち自身の特定のピラト（イエスの磔を命じたローマのユダヤ総督）にイエスのように対応できる充分な確信をもつ場所へ近づくのです。イエスはピラトに次のように言いました。「あなたは、上から賜わるのでなければ、わたしに対してなんの権威もない」（ヨハネ19章11）

私がヒーリング・ワークをおこなってきた長い年月の間、学んだことがあります。それは、もし私が自分のところへ持ち込まれる状況や人を善いものとして、あるいは悪いものとして受け入れてしまうと、ちょうどその程度に応じて、私はヒーリングに失敗する、ということです。ヒーリングは次の理解と一緒にやって来るものです。「これは悪ではなく善でもない。悪も善もここにはない。なぜなら、神がここにいて、神がいるところ、神霊がいるところには自由があるからだ」

私たちがエデンに住んでいるとき、つまり、神の子として調和と完璧さの中にいるとき、私たちは神のように完全で、全体です。そして、エデンの園に戻る方法は正反対の両極を放棄することです。完全なる調和は、私たちが悪いことを望まないように、善いこともはや望まないときにやって来ます。というのは、私たちは自分が善いことを望んでいると思うかもしれませんが、自分の望みが実現した結果が祝福なのか災いなのか、まったく知らないからです。百万ドルを得るというような、見かけは望ましく非常に求められているような物事であっても、多くの人たちが悲しくも発見したように、有害で破壊的になる場合もあります。

伝統的形而上学の教えは、私たちが悪より上に行かなければならないことに同意しますが、それはまだ善いことを期待し、悪が善に変わることを望んでいます。そこに間違いがあり、その結果、究極の調和に到達することができないのです。私たちが、あることは善く、あることは悪いと信じさせられることが可能であるかぎり、エデンの園の外部に留まり、ある日は健康、別の日は病気を経験し、ある日は若さと活力を、別の日は老いと脆弱さを経験します。なぜなら、それらは正反対の両極であり、円のように交互に繰り返すからです。私たちが欠乏や不和を望まないのと同じように、富と調和を望まず、エデンの園にある原初で根本的なものだけを求めるとき初めて、私たちはこれらの正反対な物事を超えて、永遠なる生命の中へ入るのです。意識のこの状態においては、私たちは非常に純粋なので、欲望のない状態――存在に満足している状態であるエデンの園に住んでいます。

アダムとイヴの原初の純潔は、この欲望の欠如から構成されていました。彼らは神によって成り立ち、必要なものは神の恩寵によってすべて与えられました――神が彼らの存在であり、神が彼らの生命です。神が彼らの肉体を形成し、統治し、彼らは一日中人生の善い物事を楽しんでいました。しかし、ついに彼らが天国を楽しんでいる最中に、善と悪が彼らの意識の中へ入り、そのあと彼らはもはや庭の中を至福に満ちて歩かなくなり、エデンから世の中へ歩き出て、地上の男と女になったのです。彼らは存在の完全な喜びから、額に汗して、彼らのマインドによって生活費を稼ぎ、苦痛の中で出産しなくてはいけない意識状態の中へ入ったのです。
私たちが善悪の知識をもつかぎり、私たちもまたエデンの園から追い出されたアダムとイヴのように生きて、偶然と変化、事故、制限、老齢に支配されるのです。

「ローマ人への手紙」の8章8に、「肉にある者は、神を喜ばせることができない」とあります。つまり、「肉体の人間」、アダム的人間は神を喜ばすことができず、神の法則の下におらず、神霊がその人の中に住むときだけ、神の子になると書かれています。しかしながら、私たちが二人いるわけではないことをけっして忘れないようにしましょう。つまり、現実の人間と非現実の人間がいるわけではなく、現実の世界と非現実の世界があるわけでもありません。たった一つの世界だけがあり、それは現実の世界です。たった一人のあなただけがいて、それが現実のあなたです。実際、肉体の人間は神霊がその人の中で目覚める前であっても、現実の人間なのです。なぜなら、最初のアダムと最後のアダムはともにスピリチュアルだからです――片方はエデンから追放される前の純粋な人で、もう片方は戻ったあとで純粋になったのです。

同様に、私とあなたもエデンに生まれた神の純粋な子ですが、この瞬間、善悪の感覚を享受していません。私たちは神を喜ばすことができず、神の法則の下に入ることができない肉体の男と女として動きまわっています。しかし、ついに人生のあるとき、神に創造された純粋で永遠の存在である原初のアダムとイヴと、善悪を知る現在のような私たちの間の違い全部が、私たちに啓示されるのです。

もし私たちがエデン的状態に戻り、最初に私たちがそうであった男女――純粋な創造――になりたいと思うなら、私たちがすべきことはただ自分の善悪の知識を放棄することだけです。現実には、そういった知識は理論、信念、ないし人間の観念の領域にあります。私たちはこの世界の自分の人生における悪い状況だけでなく、すべての善い状況もすすんで眺め、「私はその両方を放棄します。今後、私は善も悪も知りません。私はただ神の顕現だけを知ります。スピリチュアルなヴィジョンを通じて、私は意識がそれ自身を不死の形態――永遠で、調和し、豊かな形態――に形成することを眺めます。今後、本当の創造の啓示のみを受け入れます。そこでは、太陽が存在しないときにも光があり、すべての調和があります」と確信をもって宣言しなければなりません。

それ以外に方法はなく、私たちがこの考え方を受け入れようとそうでなかろうと、調和的生活の秘密は、状況と人々に対する私たちのすべての判断と批判を差し控える能力にあります。これを実行するのは難しいことです。なぜなら最初、私たちは二重の生活を生きなければならないからです。たとえば、私たちがこの世の中の悪――悪い状況と、ときには悪い人々――に気づくことは避けられません。マスターが鞭で寺院から悪い人々を追い出したように、政府の重要な地位を占めている悪い人々の腐敗を暴露したり、投票によって、彼らをその地位から追い出したりすることが必要なときもあります。しかし、こういったことすべてが、舞台上で自分の役を演じる俳優のように、できるかぎり執着せずにおこなわれる必要があります。その劇の中で、彼の役割は百万ドルを盗んだ泥棒の役かもしれませんが、その劇の中で犯された犯罪は彼に利益を与えませんし、害を与えることもありません。なぜなら、彼は役割を演じ、その人物に要求される行動をしていたにすぎないからです。その役を演じる俳優が悪人である必要はありません――彼は単にそのように演じなければならなかっただけで、幕が下りれば、彼は化粧を落とし、再び自分自身に戻るのです。

私たちに関しても同じことです。私たちが生きている二元性のこの状態の中で、私たちは発言し、物事をおこないます。しかし、私たちは自分自身の内部では、そんなことは実際は信じていないというような微笑みを学ばなければなりません。なぜなら、私たちはただ劇の中の俳優にすぎず、それゆえ見かけの出来事を見かけの価値で受け取らないからです。

確かに、私たちは悪を非難しなければなりません――ときには投票によって、それに反対を表明しなければなりません。ときにはそれに反論しなければなりません。ときには私たちは子供たちと政府さえも正さなければなりません。しかし、これは実際にそれを信じることなく、「ああ、これは見かけの世界で、その中の人々は、人、場所、物の中には善悪はないということの偉大な秘密に目覚めていないのだ」と認めながら、為されなければならないのです。

私たちはたくさんの人がいる部屋を眺めて、静かに次のことに同意できなければなりません。「この部屋には一人の悪人も泥棒も嘘つきも、一つの悪い思考もありません」と。しかし、それだけでは充分ではありません。私たちはそれよりさらに少し進んで、「しかしまた、善い人も善い思考もありません」と付け加えなければならないのです。

形而上学を私たちが最初おこなっていた頃、私たちの多くは悪を見ないことが困難でした。しかし、それよりはるかに困難なことは、私たちが善――善き健康と善き供給を超えることができる高い意識状態に到達し、外側では普通の生活をしているにもかかわらず、内側では次の確信がある意識の領域へ落ち着くことです。「私は見かけを受け入れません。私は在ることに依存します。神は存在し、神だけが在ります。悪い状況も善い状況もありえません。ただ神だけが存在しえるのです」

創世記の第1章はスピリチュアルな世界の説明です。そこは、結果ではなく原因によって生きている人々、パンのみに生きていない人々、額に汗して働かなくてもいい人たちが住んでいます。その一方、2章、3章では、善悪の知識が神からの分離感を創造し、そのあと人はパワーと結果によって生きるようになったのです――人はパンによって、お金によって、心臓の鼓動によって、太陽の光によって生きるのです。人は創造主によって生きる代わりに、すべての創造物によって生きるのです。

現在これを読んでいる段階では、読者の皆さんには、これを受け入れることはそれほど難しくないと思えるかもしれません。なぜなら、もし善と悪の両方を放棄し、遺棄したなら、私たちは純粋で不死で永遠の存在で、罪も恥もなく、神の恩寵によって生きているので、何も恐れることがないと知るからです。しかし明日には、私たちをエデンの園から追放するかもしれない問題が起こるかもしれないことを、忘れないようにしましょう。明日には、見かけの善悪によって私たちを催眠にかけようと誘惑する、郵便や電話があることでしょう。

こういった瞬間が来るとき、そのときこそ逆境に耐える力が必要なときです。そのときまた神の恩寵がやって来て、私たちがスピリチュアルな誠実さの上にしっかりと立つことを可能にしてくれます。

いかなる形でも、善も悪もないという真理は非パワーの秘密です。それが生命の秘密であり、あらゆる時代を通じて、人々が追い求めていたものです。彼らはそれを「神の探求」、「聖杯の探求」と呼んでいましたが、それを発見したとき、彼らが発見したものは、結果の中には善も悪もないということです。彼らがその秘密を発見したとき、天国の内側にまさに足を踏み入れたのです。なぜなら、彼らは究極の現実を発見したからです。人を聖なる王国から遠ざけるのは善悪の知識だけです。

5章　マインドを超越する

最初は、スピリチュアルな意識というたった一つの意識状態しかありませんでした。しかし、いわゆる「堕落」以後、人類は三つの意識状態に分割されていきました――物質的な意識、メンタルな意識、スピリチュアルな意識。スピリチュアルな意識が肉体化されるときは、完全で不死の肉体ですが、この惑星に生きたすべての人々の中で、ほんのわずかな人しかそれを達成しませんでした。非常にわずかな人だけです。これまでの無数の人類の世代を通じて、世界は物質的意識状態とメンタルな意識状態の中で生きてきました。多くの場合、世界は物質的感覚だけしか知らず、その世界では人は額に汗することによって生活し、その中で彼らが為すあらゆることは、物質的あるいはメンタルな手段によって為されました。

一九世紀には、メンタルに関して多くのことが明らかになり、それは主にメンタルが物質を統治しているという事実でした。その事実にもかかわらず、今日でさえ世界は、世界が物質的であるという感覚をそれほど高く超えたわけではありません。それから、「正しい考え方の科学」として知られているものが現れ、それは人が直面する状況を操作することを意図しています。たとえば、もし人が家をもっていないならば、その人がしなければならないことは、正しい思考を掴むことだけで、そうすると家が現れるという具合です。あるいは、もし人が満足すべきパートナーをもっていないとすれば、ただ少しの間正しく考えることで、古いパートナーが消え、新しいパートナーが現れるのです！　もしその人が何かの肉体的不調に苦しんでいるなら、少しの間正しく考え、「正しい思考」を保つだけで、病気の体は消え、その代わりに健康な体が現れるのです。

この種のメンタル療法は効果的であっても、そして実際しばしば効果的ですが、このテクニックを使った人たちはまだ善悪の法則に支配されている物質的宇宙に――物質的肉体、物質的仲間とともに取り残されています。そして、まさに次の日には不和と不調和が再び始まる可能性があります。体の一部は癒されましたが、別の部分に問題が忍び寄ります。あるいは、供給の問題は解決されましたが、何か別の問題が持ち上がります。すると、一つの物質的メンタル的、道徳的、あるいは財政的不調和の信念をまた別のものに変えるということになります。そして、その状況を調整し、癒し、改善するために、マインドのパワーを利用するという同じ誘惑が常にあります。

それにもかかわらず、世界がそれだけ進歩しているのは幸運なことです。なぜなら、メンタルな領域が明らかにならなければ、次のより高いステップを踏んで、スピリチュアルな王国の中へ入ることはほとんど不可能だったからです。

これ以上先に進む前に、ここでマインドの機能を理解することにしましょう。おそらくこれは、肉体を例として使うことによって、一番よく理解することができます。あらゆる人は、肉体は人間生活の活動のために使われる道具であることに気づいています。しかし、それは神の道具であるので、完全に調和的であるべきだ、と認識している人はほとんどいません。肉体が衰えたり、その能力を失ったりするべきどんな理由もないのです。肉体が衰えたり、能力を失ったりするように見える唯一の理由は、毎日それを適切に、効果的に使うことができるように、機能の衰えや弱体化をどうやって防止し、肉体を維持するかを、人がまだ学んでいないからです。私たちが、マインドもまた道具であり、それもまた私たち人間の経験の中でそのふさわしい場所があることを理解するとき、そのことを学ぶことができます。

マインドが道具であることが理解されるとき、それがまた何の道具であるかも理解されるべきです。なぜなら、道具とは必然的にそれを統治し、コントロールするものをもたなければならないからです。不幸にも、平均的マインドはコントロールされることができませんが、人々の中にはマインドをコントロールしようと試みる人たちがいて、そのため自分の人生に大きな混乱を起こします。なぜなら彼らは、マインドは人間によってコントロールされることができない、とまだ学んでいないからです。

マインドはそれ自身より高い何かのための道具で、その何かとは一《いっ》なる本当の自己です。マインドが本当の自己によって統治される地点に到達するとき、私たちは人知を超える平和に包まれるのです。そのとき私たちが肉体とマインドをコントロールするのではなく、自分の意識の中の真理の活動が、マインドを明晰で清浄で調和した力強い状態に保ちます。私たちはマインドを通じて、自分の意識の中の真理の活動に気づくのです。それから今度は、意識がマインドと肉体の両方を清浄にする代理人の役割を果たしながら、肉体を維持し、コントロールし、統治するのです。

私たち一人ひとりの内部にスピリチュアルなセンターがあり、そのセンターの中で私たちの全スピリチュアルな遺産が保管されています。このセンターは肉体の内部ではなく、私たちの意識の中にあり、私たちは今日から世界の終わりまで、さらにそれを超えて永遠まで、自分の成長に必要なものすべてをそこから無限に引き出すことができます。

生命の原初の根本的創造的原理と実体は、神、魂、意識ですが、マインドはそれを通じて神の活動が起こる道具です。なぜなら、正しく理解され、使われれば、マインドは神の道具だからです。マインドが聖なる衝動を受け取ることに開かれていれば、そこから調和した完全な形態が流れて来ます。

アダムを通じて、人間のマインドは善と悪の信念を受け入れてきました。そして、その瞬間から魂の純粋な道具である代わりに、マインドはそれ自身を善悪両方の物質的形態に形成するようになりました。それはちょうど、マフィン型に似た型のようなものです。マフィンの容器がどんな形でも、その形通りにマフィンはできあがります。同様に、マインドの製品は形態として現れます。もしマインドの中に悪があれば、それは悪の形態として、反対にもしマインドに善があれば、それは善の形態として現れます。

マインドはそれ自身がイメージする似姿を製造し、もしマインドの背後に立っている私たちが、マインドが迷信、無知、恐れに満ちることをゆるすなら、二つのパワーへの信念からすべてが生じ、それが私たちの経験の中でマインドが生み出すものとなります。マインドはあらゆる形態の罪、病気、死、偽の欲望、欠乏、制限、戦争、戦争のうわさ、その他「**悪**」という言葉の元でリストアップされるすべての物事の実体なのです。

恐れ、憎しみ、不正、強欲、悪意といった悪い思考に満ちたマインドは、不調和と不和として外側に現れるはずです。その一方で、慈善、純粋さ、善意、協力のような善い思考で満ちたマインドは、善き人生として外側に現れるはずです。これが聖書で教えられているカルマの法則です。「人は自分のまいたものを、刈り取ることになる」（ガラテヤ人への手紙6章7）。物質的信念、理論、意見、教義、信条に満ちた無知の状態のマインドは、それ自身の混乱状態を現すことができるだけです。しかし、こういった信念から解放されたマインドは、それを通じて生命の創造的原理が、永遠の調和した形態として流れることができる道具となるのです。**外部の見かけは常にマインドが形態化されたものです。**私たちは自分がメンタル的にまいたものを、物質的に刈り取るのです。

物質は物質的意識状態にとってのみ物質であるのです。しかし、いったん私たちがメンタルな意識状態へ上がれば、物質は物質ではなく、マインドなのです。マインドは物質が形成される本質と実体で、それが私たちには形態や結果として現れます。マインドはすべての物質的メンタル的形態の原理、生命、法則です。

これは理解するのが簡単な観念ではありませんが、私たちみんながよく知っている実体からこれと似ていることを引き出してみれば、この考えが明確になることでしょう。二個の水素原子と一個の酸素原子の合成は水と呼ばれています。水は蒸気や氷に変化することができますが、この特別な実体が水、蒸気、氷として現れても、それは一つの本質、つまり二個の水素原子と一個の酸素原子からなる異なった形態にすぎません。

同様に、マインドは基本的実体ですが、物質とはマインドが形になるときに与えられる名前です。マインドは多くの形態として現れます。肉体もその一つで、血液、骨、髪もそれぞれその一つで、これら一つひとつが、マインドが目に見えるようになったもので、マインドが特別な形態として現れているのです。一つの形態のマインドは肉体で、別の形態は骨、軟骨、血液、髪、皮膚です。しかしその実体、本質は常にマインドです。

マインドは思考としても機能します。マインドは物として現れ、そのレベルではマインドは創世記の第2章と第3章の中で描写されている創造の本質です。それゆえ、もし物質がマインドならば、マインドのプロセスが製品、つまり、物質を変えることができるのです。

マインド——私のマインドとあなたのマインド——にスピリチュアルな真理が吹き込まれるとき、それを通じて神が現れる道具となり、その中で、そしてそれを通じて神が顕現し、顕現した神は私たちの外部世界の肉体となります。ですから私たちは、物質的環境に囲まれた物質的世界にけっして住んではいないのです。なぜなら、神それ自身——あなたと私の意識の中の真理が、私たちの世界のまさに実体で本質だからです。

神、魂がマインドの活動となり、形として現れるとき、そのときすべての形はスピリチュアルであり、それは増やすことができます。私たちがマインドと思考のレベルを超えて静寂の中に入るとき、そこが、神としての**「私」**が、物質ないし形として現れる活動と実体となるのです。たとえば、四つの福音書の中で描写されるあらゆる奇跡は、イエス・キリストのマインドが健康と調和として、無限のパンと魚として現れたものでした。パンと魚は物質ではありません。健康と富は物質ではありません。それらはマインドが形になったものです。いったんマインドに真理が浸透するようになれば、真理がすべての形態の実体と本質となり、そのとき形態は増やされることができますが、それが増やされるのは、ただそれが物質ではないという理由のためです。

地球上に十億人しか人口がいない時代がありましたが、今は四十億人います。しかし今、地球に神の存在がもっとたくさんあるわけではありません。同じ神がここにいて、同じ生命がここにあります。何が起こったかと言えば、**マインドが形を分割したのではなく、増やした**ということです。これは、イエスがパンと魚の奇跡をおこなったときに働いていた原理と同じなのです。彼がやったことは、その特定の時期に何かが必要だという感覚があったため、それを満たすために目に見える形態を増やしたことでした。

神霊とそのスピリチュアルな形成だけがあります――しかし、神霊の道具としてのマインドが、思い描かれた形態としてそれ自身を形成し、統治し、それが物体とか物理的形態と呼ばれるものです。実際、それはマインドです。なぜなら、物質はメンタルなものへ、そして最終的にはスピリチュアルなものへ還元されることができるからです。しかし、マインドは私たちには限界のある形態として**現れ**、その形態を形成します。マインドはこの肉体を変容させ、肉体のために必要なものを供給することさえします。マインドは私たちが必要としているように見えるあらゆるものを、私たちのために形成しますが、創造には何も新しいものはつけ加えられないことでしょう。

マインドはそのレベルで機能しているときは、善か悪のどちらか、あるいはその両方に見えます。その一方で、魂や神によって機能するときはただ調和的世界として現れます。これが意味することは、私たちが善い思考を考えるとき、私たちの完全なスピリチュアルな世界が現れるということではありません。それが言わんとしていることは、私たちがマインドと思考をともに超えて静寂の領域へ入るとき、魂、神が私たちのスピリチュアルなアイデンティティ、存在、肉体、世界として顕現するということです。

あなたと私が、自分のマインドが無知、迷信、利己心に満ちることをゆるすとき、そのマインドはそのイメージと似姿を生み出し、それは世界の罪と病気として映し出されています。しかし、マインドが浄化されるとき、それは純粋な魂のための道具となり、そのときマインドは魂のイメージと似姿を生み出します。それは、「あなたが山で示された型に従い」（出エジプト記25章40）――つまり、スピリチュアルな完璧さです。

神の創造は物理的物質的でも有限なものでもなく、非物質的であり、スピリチュアルであり、無限です。神は神霊であり、それゆえ神の世界と神の肉体はスピリチュアルなのです。しかしながら、神の創造が私たち人間の感覚にそれ自身を現すとき、それらは物理的で物質的で限界があるように見えます。この異常さの理由とは、無知の状態にいるマインドは、私たちが感覚を通じて気づくことができるものを、私たちに解釈するだけだからです。私たちはあるがままを眺めることができません。私たちは自分のマインドの解釈を眺めているのです。

たとえば、部屋の中に花瓶に入った黄色のバラがあれば、あなたとその部屋にいるほとんどの人がそれらを黄色として見ます。しかし、色盲の人は、それらを他の色として解釈するかもしれません。その一方で、その同じバラはあなたにとっては美しいものかもしれませんが、別の人にとってはバラ熱かぜんそくを引き起こすかもしれません。重要なことは、私たちがそれに気づくことではなく、**私たちが気づいたものをマインドがどう解釈するかなのです。**

芸術家のバラの解釈が私たちを驚愕させることがあります。なぜなら、彼らはバラについて何か奥深いスピリチュアルな真実を認識できるのに対して、私たちにはバラの有限な物質的形態と色しか見えないからです。私たちの中には画廊を訪問し、傑作を眺め、それらを絵の具をぬりたくった下手な絵と呼ぶ人たちもいますが、同じ絵を見て、歓喜する人たちもいます。なぜなら、彼らの進んだ芸術理解と色と線の知識を通じて、芸術家がキャンバスにヴィジョンを描くときに見たのと同じものを、彼らは鑑賞し、見ることができたからです。もし私たちが芸術分野で鑑賞眼を発展させたら、そのとき芸術家のキャンバスの前に立って、芸術家がそこに描いたものに完全に気づくことができます。しかし、私たちのマインドが芸術の知識を何ももっていなければ、絵の具のシミ以外何も見ないことでしょう。

私たちのマインドが善悪の判断から自由であるとき、この世界を眺め、空気、大地、海、太陽、月、星を楽しむことができます。しかし、私たちのマインドが物質的観念で満ちているなら、私の昔の友人のように、次のように言うことでしょう。「私には人々がなぜ旅をするのか理解できない。大地には二つのものがあるだけだ——上に行けば、山と呼ばれるものがある。下に行けば、谷と呼ばれるものがある。あるいは、そこがぬれていれば、水と呼ばれる。だったら、人は旅行で何を見ることができるのだろうか？　一つの場所と別の場所にどんな違いがあるというのだろうか?」

私たちはめったに自分の目の前にあるものを見ません。私たちがこの世界で観察しているあらゆるものを、私たちは自分の背景の目を通じて見るのです――人生に対する両親の態度、人種的宗教的ルーツ、国家的伝統、幼児期の環境、教育、そして学校を卒業したあと、私たちが獲得した様々な経験。

これらの観念は両親の影響、初期の環境、教育、そして個人的経験によって形成され、あなたと私を今のような人間にしたのです。ですから、もし私たちの世界が無情で厳しく、不快な人々の世界であれば、その理由はこれらの四つの要因が私たちを条件づけ、私たちが出会う物事の解釈に影響を与えた可能性があります。一方で、私たちが協力的で理解と愛情のある人々の世界に出会うなら、それもまたおそらく私たちの特定のマインドの枠組みによるものでしょう。

私たちがいるところがまさに神の王国です。天国にあるすべては地上にもあります。しかし、私たちが地上を天国と見るのか地獄と見るのかは、私たちが地上をスピリチュアルなヴィジョンを通じて見ているのか、それとも物質的ヴィジョンを通じて見ているかにかかっています。マインドが経験をどう解釈するかによって、地上が天国か地獄かが決まるのです。

私たちはマインドという道具を使って神の創造を眺めます。私たちが見る形態は、マインドがそれらを解釈する色と様相を呈します。人が私たちのところへ来て、「私は病気の体をもっています」とか、「私は病気のマインドをもっています」とか、「お金がほとんどありません」とか言うとき、その人は限界のある有限の物質的感覚を通じて創造を眺めているのです。しかし私たちが、その人が見たり感じたり経験していることを無視して、私たちのマインドは解釈機械にすぎないことを理解できるなら、そして私たちが充分に静寂になり、真実のイメージが登録されることができるなら、そのときその静寂から、あなたは次のような言葉を聞くことでしょう。「あなたはわたしの愛する子、わたしの心にかなう者である」（マルコ1章11）とか、「まさにこの場所が神の王国である」とか、「わたしのものは皆あなたのもの」（ヨハネ17章10）とか。言い換えるなら、死すべき感覚が解釈するようなその場面は不正確だ、という確信が内部からやって来て、その静寂の中で実際にそこにあるものが私たちに明示されるのです。

問題と格闘している人は見かけによって判断し、その人のマインドは生まれる前の条件づけ、環境、教育、そしてのちの個人的経験の観点から自分の世界を解釈しています。その一方、マインドが魂の純粋な活動を通じて場面を解釈するなら、私たちが静寂の中で、「父よ、私は何の善悪の判断もありません。**あなたの**判断を待ちます」と言って待つ間、すべての判断が差し控えられます。そして、そういった謙虚さの中で、スピリチュアルなヴィジョンがその場面を啓発するのです。

人間的場面ではマインドが創造的です。それは善を生み出すことができ、また悪も生み出すことができ、実際にそうします。しかしながら、**スピリチュアルな場面ではマインドは創造的な能力ではなく、気づきの通路です。**たとえば、もし私たちの目の前に白紙のキャンバスがあって、そこに何を描こうかと私たちの頭をひねる代わりに、私たちが静かになり、「ここにキャンバスがあります。あなたが絵を描いてください」という態度で待つことを学ぶなら、アイデアが自由に流れて来て、私たちの意識の中に指示がやって来て、マインドと手がそれを実行することでしょう。

そういった受容性の中で、発見、発明、テーブルの上の計画、あるいは必要なアイデアが展開し、それらのアイデアを実行に移すための能力も私たちに与えられることでしょう。なぜなら、知性の本当の中心は魂ないし神霊で、聖なる知性はその道具であるマインドを通じて機能するからです。その全秘密とは、考え、計画し、計略するマインドから、気づきの状態で休息しているマインドへ移行することにあり、それを通じて聖なるアイデアが流れることができます。

しかしながら、人間の堕落として知られている幻想的経験以来、マインドは創造的能力として使われてきて、それが今日のトラブルと問題の根源なのです。それゆえ、自分の家族、友人、その他を助けるために呼ばれたとき、あるいは私たち自身が助けを必要とするとき、人や状況を変えようとする代わりに、あるいは自分自身や他人を非難する代わりに、これはマインドがそれ自身を私たちに示しているもう一つの形態にすぎない、と理解するべきです。ヒーリングを為すものは、**マインドはパワーではない**という私たちの理解の中にあります。**マインドは気づきの通路なのです。**

私たちがどんな形態であれ、間違いの誘惑に駆られたときはいつでも、これが奇跡的に機能するのを見ることができます――それが何であれ、それと戦わずに、静かに次のことを理解してください。

神は偉大で唯一の生命の創造原理であり、すべての生命、すべての存在の源《みなもと》です。神だけがいます！「あなたはわたしのほかに、なにものをも神としてはならない」（出エジプト記20章3）――他のパワー、他の創造主をもたず、ただ一なるものだけです。ただ神だけが在り、私を悩ませているこのことは神のものではありえず、マインドのものであるはずです。それは私にイメージを描いているマインドです。

神霊の中で生きる者は、本当の創造、あるいはスピリチュアルな創造を一瞬に見ることができます。そして、神に似せて作られた本当の人間を見分けることができ、またスピリチュアルな人間の発達と調和の妨げになるものは、何一つないことがわかります。しかし人間のレベルでは、マインドは私たちの体とすべての創造物を支配しています。そして、それは善と悪の両方を支配しています。マインドはある時は健康を与え、また別の日は病気を与え、またある日は富を与え、次の日は欠乏を与えます。なぜなら、マインドは地上のものであり、地上的で、善と悪という二つの性質から構成されているからです。そのため、マインドは善と悪の両極として顕現し、それ自身を表現するのです。マインドを超えるまで、私たちは両極を超えることはできません。

マインドを超越して神霊の領域に触れると、私たちは別の意識の中に住むことになります。もはや私たちは肯定的宣言や否定的宣言にも、メンタルな治療や物質的治療にも頼ることはありません。今、私たちがそのスピリチュアルな中心に触れるとき、そこに平和を発見します。そして、私たちは善と悪というマインドの活動を超越しながら、世間で言うところの普通の生活を送っていることに気づくのです。しかし実際には、それはスピリチュアルな生活であり、無知なマインドの活動から解放されています。

正しく理解すれば、マインドは神の道具であり、神によって創造されたものです。したがって、マインドの産物が結果であるように、マインド自体も結果です。それは原因ではなく、結果なのです。神、魂、神霊だけが原因であり、体とマインドの両方が結果です。

もし私たちがスピリチュアルな真理とともに意識の中に住むなら、この世のどのような悪も私たちの居住地に近づいて来ることはありません。なぜなら、意識の中で享受された真理が乗っ取り、生き始めるからです。このようにスピリチュアルな叡智に満ちた雰囲気の中で生き、意識を真理で培養するとき、その真理がマインドを支配する瞬間が訪れ、もはやマインドを真理で満たす必要はなくなります。そのときから、流れが逆になるのです。真理を考え、思い出し、宣言し、瞑想しているのは、私たちではありません。真理は、その表現のために私たちのマインドを使い、常に私たちを利用し、常に私たちを通じて流れるのです。

6章　無条件のマインド

マインドの根本的秘密とは、たった一つのマインドしかなく、そのマインドは個人のマインド——あなたと私のマインドであるということです。この奥深い声明の意味はけっして充分に理解されたことがありませんでした。それはすべての学派の形而上学者たちには知られていましたが、世界全般はこのことを知りません。しかしながら、それが実際の実践の話になると、「死すべきマインド」とか「人間のマインド」と呼ばれている、一つのマインドから分離したマインドが常に導入され、一つのパワーとして受け入れられてきたのです。

実際は一つのマインドがあるだけで、このマインドは無条件です。それは善悪の特質をもっていません。それは存在の状態であり、善いものでも悪いものでもありません。現実には知性のあるマインドも無知なマインドも、ありえないのです。健康なマインドも病気のマインドもありえないのです。というのは、マインドは無条件だからです。さらに言えば、それ自身を肉体として形成するマインドは無条件です。それゆえ、肉体は健康でも病気でもなく、身長が高くも低くもなく、やせても太ってもいません。肉体はその本質であるマインド同様に無条件なのです。善悪の信念が思考の中に受け入れられるまでは、マインドと肉体は無条件なので、絶対的存在と完璧さの状態にあります。

人間の経験は**現実には**完全なマインド、あなたと私のマインドであり、その完全なマインドは完全な存在と肉体として顕現しています。しかし、人間の経験としては、肉体とマインドは善悪の知識によって影響されています。二つのパワーへのこの信念が、物質的マインドと呼ばれているものの本質です。父の家へ戻って、私たちがもう一度神の子になるためには、個人的に自分の意識の活動を通じて、善悪への信念を放棄する必要があります――それは個人的経験なので、誰もそれを私たちのためにできる人はいないからです。

マインドは物質、肉体、形のそれぞれの条件づけを形成します。**マインドは創造するのではなく、条件づけを形成するのです。**創造はすでに完成しています――スピリチュアル的に永遠に完璧に。しかし、私たちのマインドはその条件づけに依存しているので、この次元で私たちの人間的経験を形成し、解釈します。もしマインドが善悪の判断から完全に解放されているなら、そのときは神霊がマインドを通じて、幸福で調和的で成功した人生として、それ自身のイメージと似姿を形成するのです。しかし、マインドが善悪の判断に条件づけられていれば、マインドは明晰な透明さではなく、その条件づけに応じた善悪の経験が私たちの人生に起こります。

マインドが理論、迷信、信念、偽の観念から解放されているとき、それは物質的形態を調和的に永遠に統治します。もし私たちがこの世界で何に関しても偽の観念をもつことがないなら、私たちのマインドがすべての形態――その複雑さ、美しさ、豊かさにおいて驚くべき形態――を、私たちにもたらすことを発見するでしょう。善とか悪、健康とか不健康という判断の活動を私たちがゆるすときだけ、私たちにこういった形態を受け入れさせようとして、マインドがその形態を提供するのです。

マインドがスピリチュアルな知恵の光を受け取るとき、物事の見かけはマインドの純粋な形態により一致するようになります。魂がそのスピリチュアルな活動と形態を統治するようになるにつれて、催眠、つまり、善悪の信念から解放されたマインドは、魂の完全なる光を受け取るのです。

スピリチュアルな真理を吹き込まれたマインドは更新、再生、回復、復活の法則です。あなたと私のマインドが真理を吹き込まれたときは、それは、私たちのところへやって来る、そして私たちが自分の意識の中で抱きしめるすべての人々のマインドです。真理を吹き込まれたあなたと私のマインドは、個人的存在のマインドです。

スピリチュアルなヒーリングの媒介となったことがある誰もが、これが本当だと知っています。そして、自分のマインドに真理が吹き込まれるとき、自分の個人的マインドが更新、再生、改革の法則となり、自分のところへやって来る人たちにとっても、肉体的メンタル的、道徳的財政的ヒーリングとして、表現されることを知っています。

問題をかかえた人たちがその問題をもって私たちのところへやって来るとき、もし私たちがその人や状況を善いとも悪いとも、健康とも病気とも、金持ちとも貧乏とも見なさないことができるなら、つまり、善悪の判断なくその人を見ることができるなら、そのとき私たちは物質的マインドをもはやもっておらず、イエス・キリストの中にあったマインドを完全に所有しているのです――唯一のパワーだけを認識する無条件のマインドで、それは感覚の幻想を消散させます。私たちは物質的マインドを取り除いたり、克服したりする必要はありませんし、それを破壊する必要もありません。私たちはただ自分のマインドが魂の完全な道具であることを理解すればいいだけです。そうすれば、私たちがスピリチュアルな真理と恩寵で自分のマインドを満たすにつれて、私たちのマインドは魂の道具となるのです。

私たちがいかなるレベルの問題に直面しようとも、目に見える世界の実体は、無条件のマインドであることを最初に思い出さなければなりません。無条件のマインドは、純粋で不死の存在、本質、実体、現実の道具であるため、その形成もまた無条件なのです。なぜなら、それらは無限の形態として現れているマインドそれ自身だからです。

マインドが無条件で善と悪の何の特質ももっていないとき、それは目に見えるすべてのものの実体です。そして、存在するすべてはその土台であるマインドと同じく無条件です。もしこれが真実でないとすれば、私たちの意識状態がいわゆる物質的世界の中で、変化を生み出すことは不可能でしょう。実際に形而上学的スピリチュアルなヒーリングを目撃したり、経験したりしたことがある人たちは、次のことをよく知っています。たとえば、プラクティショナー

（スピリチュアル・ヒーリングを実践する人）が、患者から二万五千マイルも離れたどこかにいるとします。それにもかかわらず、そのプラクティショナーを通じて、患者の熱が下がり、腫瘍が取り除かれ、衰弱した肺が回復することがありうる、つまり、プラクティショナーがそういったヒーリングの道具となることがありうるのです。なぜなら、プラクティショナーのマインドが、神が通過できるほど純粋で静寂になるとき、肉体の状況が変化するからです。

この真理を私たちが意識することが調和の法則です。それゆえ、私たちが熱のある誰かを助けるために呼ばれたとき、**無条件のマインド**がすべての目に見える形態の実体で、善と悪という二つのパワーに対するこの世界的信念は活動していないと理解するなら、そのときには熱が消えます。そして、唯一のパワーへの私たちの意識、つまり、実際は非パワーの意識がヒーリングを生み出し、調和の法則であることを知るでしょう。なぜなら、善と悪という二つのパワーは、「肉体の武器」ないし無力なものだからです。神の道具として機能している私たちのマインドが、肉体とか物質と呼ばれているものの上に結果を生み出し、そのときマインドの実体と物質の実体はまったく同じであると知ることでしょう。ですから、マインドは物質に影響を与えることができ、さらに言えば、意識の中の真理が物質に影響を与えることができるのです。

マインドそれ自身は無条件です。しかし、人類は善と悪の両方の信念を受け入れてきたので、善いことをマインドに入れることによって善い結果を、悪いことをマインドに入れることによって悪い結果を生み出してきました。

無条件のマインドは無限で永遠なマインドで、存在、肉体、ビジネス、政治、政府、産業、財政、芸術、文学の実体です。このマインドとその形成は善でも悪でもありません。それらは無条件の永遠の存在であり、私たちが間違った状況とか環境として眺めるものは、マインドの形成ではなく、善悪への世界的信念であり、それは悪魔とか物質的マインドと定義されています。

実際には、物質的マインドというようなものはありません。なぜなら、一つのマインドだけがあり、それは無条件だからです。それは死すべきものではなく、人間的なものでもありません。それは名づけられず、描写されることができず、また分析されることもありません。私たちが物質的マインドと呼んでいるものは単に二つのパワーへの信念であり、私たちがそのことを認めるとき、間違いと戦ったり、それを克服したり、それを超えたり、あるいはそれを取り除こうとすることをやめることができます。死すべきマインドないし物質的マインドから自分自身を防衛しよう、とけっしてしないでください。二つのパワーが存在しているわけではないというあなたの理解が、あらゆる防衛ワークの本質であるべきです。あなたが自分自身を何から守るべきかと言えば、それはただ二つのパワーに対する信念からです。

マインドは無条件であることを認識し始めるにつれて、あなたの思考はけっして善悪の話題に向かなくなります。あなたは一つひとつの人生の状況を、ただそれが来るがままに生きます。ただし、これは世界から引きこもることを意味しているのではありません。それは、世界に所属することなく世界の中にいて、それぞれの経験が善いことに見えてもしがみつこうとすることなく、またそれが悪いことに見えても取り除こうとすることなく、それを生きることを意味しています。それは物事に執着しない人生です。私たちが何かや誰かにしがみつこうとしたり、誰かや何かの状況を取り除こうとしたりするときだけ、行き詰まるのです。

唯一の無条件のマインドから分離している、自分や他人のマインドという観点で考える瞬間、あなたは要点を見逃したのです。しかし、いったん唯一のマインドだけがあると理解し始めるなら、それが神の法則と合っているのでないかぎり、あなたは何もしないことでしょう。それはあなたの意志でも私の意志でもけっしてなく、神の意志なのです。

個人的意志を放棄することで、この無条件のマインドが私たちの中で、私たちを通じて活動することができます。私たちが善悪の信念でマインドを条件づけるかぎり、私たちの信念や信条に応じて善悪をもたらします。人は自分のハートで確信することを、自分に為されるのです。それはすべて条件づけの問題であり、人は自分を善にも悪にも条件づけることができます。あなたが条件づけの領域を離れるとき、イエス・キリストの中にあったマインドの領域にいます。

イエスの教えの中で彼がもたらしたすべてのヒーリングにおいて、彼のマインドを通じて為されていることは父の意志でした。イエスは、それが自分のマインドではなく、父のマインドであることを知っていました。それは無条件のマインドでした。それゆえ彼は、盲目の男性に「目を開けなさい」(ヨハネ9章参照) と言うことができたのです。彼は障害者の男性に、「何があなたを妨害したのか?」(ヨハネ5章参照) と言うことができたのです。言い換えるなら、彼の意識の中には**条件づけられたどんな状態もなかった**のです。健康でも病気でも金持ちでも貧乏でもない、無条件のマインドがあっただけでした。

これは真理です。しかし、あなたがその真理を自分の経験の中で真理にできるのは、あなたが直面する日常――通り、家庭、学校、工場、市場の中――のあらゆる見かけにそれを応用し、無条件のマインドは無条件の結果として形成されるという真理を、自分の目の前で常に維持するときだけです。

スピリチュアルな知恵は実際的なものにされなければなりません。それは地上の経験の中で実を結ばなければならないのです。しかし、私たちがそれに意識的に気づかなければ、真理は果実を生むことができません。未来のまだ発見されていない発明、科学、芸術はマインドの中にすでに存在していますが、特定の個人がそれらに自分の意識を開いて初めて、それらは表現されることができます。同じことが秘教的真理にも言えます。それが意識の中で形成され、それから外側の世界で結果を生み出すまでは、隠れた何かに留まっているのです。

あなたが真理を知るにつれて、この真理があなたをすべての物質的マインドの状況から解放することでしょう。それはつまり、善や悪によって条件づけられるすべての状況や環境から、という意味です。真理をほんの少し理解しただけでも、あなたを何らかの善悪の局面から解放することに役立つでしょう。そしてついに、あなたは完全なるスピリチュアルな光に到達し、その中で無条件のマインドという道具を通じて、神霊があなたの存在、肉体、ビジネス、家庭、人間関係として、それ自身を表現するのです。

これが現実になる前に、私たちが神の言葉の中に定着し、その言葉を私たちの中に定着させ、その中で私たちが意識的に居住するという準備がなければなりません。しかしながら、光明の経験のあとでは、人生は努力も考えることもなく生きられるのです。

生命は無条件です。新しい生命とか古い生命というようなものはありません。また病気の生命とか健康の生命もありません。生命を条件づけないようにしてください！　それを善にも悪にもしないでください！　それを上にしたり下にしたり、長くしたり短くしたりしないでくださ い。というのは、そういった生命はないからです。もし私たちが善悪の信念を受け入れないなら、私たちの生命は無条件の純粋なスピリチュアルな存在です。

善悪の信念という誘惑者がアダムとイヴの前に立っていたように、私たちの前にも立っていますが、今私たちは生命とマインドは無条件であることを理解し、イエスがしたように誘惑者に向かって言います。「悪魔よ、私の後ろに下がれ。私は自分の生命のどんな条件づけも受け入れない。私のマインド、生命、魂、肉体は善悪を知らず、ただ神の存在、純粋な神霊、純粋

な魂、純粋な生命だけしか知らないので、無条件で制限されず自由なのだ」（ルカ4章5–8参照）

7章　バラはバラでバラである

人がすすんで自分の人間的判断を放棄し、無条件のマインドで世界を眺めるまで、誰も二つのパワーへの信念から自分自身を解放して、エデンへ戻ることはできません。善も悪も見ない練習は、あなたの視野の範囲にあるどんな物に対しても、あなたが対面しているどんな人に対しても、まさに今この瞬間始めることができます。しかしながらたいていの場合は、あなたが感情的に巻き込まれていない物や人で、まず練習するほうが簡単です。

その練習は花束で始めることができるでしょう。それはあなたのところへ贈りものとして送られたものかもしれません。もしあなたがこれらの花に対して何の先入観ももっていなければ、その美しさがあなたに喜びを与えるのか、それともそれらが花粉症の攻撃を与えるのか、あなたは知りません。花について黙想し、眺めてください。もしこれらの花を善か悪のパワーをもつものとして見るなら、それから長い間、花についてあれこれと考え続けることでしょう。

ここでそのすべてを変えて、これらの花はそれ自身では何のパワーももっていないこと、それらは善い花でも悪い花でもないことを認識してください。この地点で、あなたはそれらが悪ではないとすすんで認めるかもしれませんが、それでもまだそれらがなぜ善ではないのかと疑問に思うかもしれません。その答えとは、善がそれ自身の中に含まれているという意味において、それらは善ではない、ということです。つまり、善とはその花を提供した個人の意識の中にあるものです。なぜなら、その善とは愛だからです。愛は善で、愛は目に見えず、スピリチュアルなものです。愛はあなたにこれらの花を、おそらくは遠方から送った実体です。愛は目に見えないもので、これらの花はその愛の目に見える表現です。

もしあなたがこれらの花を善いと呼ぶなら、そのときは三、四日後にはそれらは萎れて、なくなってしまい、あなたは自分の善を失ってしまうことでしょう。しかし、瞬間的喜びの感覚を超えたその唯一の価値は、その花を贈ってくれた人の永遠の思い出――花を送ることを思いついた永遠の愛と、その献身と友情と感謝の永遠の思い出――の中にあります。ですから、それらに何が起こっても、本当の違いは何もありません。花それ自身が萎れてなくなり、長く忘れられても、それでも花によって表現された善と愛と感謝は残り、目に見えない次元で贈った人と贈られた人の間に死ぬことのない永遠の絆を創造するのです。

こういうわけで、たとえそれがどれほどお金がかかったものだったとしても、私たちが価値を見い出した何かが失われたとき、哀しむ必要はありません。物の価値は目に見えず、あなたの経験の中にそれを送り込むように鼓舞したものの中にこそ、価値があるのです。本当に善いものは常に目に見えません――それはけっして見られず、聞かれず、触れられず、味わわれず、嗅がれないものです。そして、目に見えないゆえに、人間の感覚には感知されないのです。

そうであれば、あなたの目の前にある花はただの花でしかありません――確かに美しく、見るには心地よいものですし、色鮮やかでよい香りがします――確かに。しかし、**それらが色鮮やかでよい香りがすると言うのは、誰でしょうか？**　自分自身に尋ねてください。「それらは美しいだろうか？」と。それから次の答えを受け取るまで待ってください。「いや、これらの波動が私の目に触れ、私のマインドがそれらを解釈し、それらが黄色だと私が知るまでは、どんな色も登録されていない。私のマインドがこれらの波動を美、色、香りに翻訳するまで、それらは黄色ではなく、美しくもなく、よい香りもしない」

あなたがこれについて熟考するにつれて、花の形態さえそれ自身では美しいわけではなく、ただあなたがそう解釈するゆえに美しい、ということがわかるでしょう。そして、あなたがすわって花について黙想し、これらの花は美しくも醜くもないことを確信するとき、突然あなたが創造した真空の中に、あなたが眺めているものの**ありのままの気づき**が入って来て、そのときそれがバラの鉢以上のものだと気づき、次の結論に導かれることでしょう――バラよ、バラよ。あなたそのものは無価値です。無条件のマインドを道具として使って、**「私」**があなたを自分のイメージと似姿で創造します。**「私」**があなたにあなたの色、形態、美しさ、香りを与えます。しかしながら、この**「私」**は、そんなことをすることができない個人的感覚の私ではなく、神である**「私」**であり、私の本当のアイデンティティです。これらのバラをそのイメージと似姿で創造したのは**「私」**であり、それゆえそれらは善いものでも悪いものでもなく、完璧なのです。それ自身ではバラは無価値です。しかし、神の恩寵のおかげで、バラは完璧なのです（原書注：私が**「私」**という表記になっているときは、神のことに言及しています）。

しだいに、これらの花はただ一日の間、称賛される目的ではなく、神の本質と美において、その全体性と豊かさと完全性の一部として、何かの奇跡的目的のために、あなたの部屋のここに置かれたまさに神それ自身の形態であることが、啓示されることでしょう。

この世界のあらゆるものにはスピリチュアルな意味がありますが、その意味が何なのかを辞書や百科辞典で調べてもけっして発見することはできません。あなたが内なる真空に向くとき初めて、あらゆるものの機能とスピリチュアルな意味の気づきの中に入りますが、その内なる真空は次のことを理解することによって生まれます。「これはそう見えるものではありません。私自身ではこの見かけを解釈することができません。神だけがそれを正しく解釈することができます。ですから、神よ、これは何ですか？」すると、その本当のアイデンティティとスピリチュアルな意味の啓示と展開がやって来るのです。

もしあなたが何かの欠乏に苦しんでいるなら、ひどい混乱状態にいるかもしれません。そのときあなたのマインドは、自分の必要が満たされないかもしれないという恐れの感覚に襲われ、そのせいで自分のマインドを静めて平和に瞑想することが、なかなかできないかもしれません。しかし、あなたの意識の中でこれらの混乱する思考が優勢になっているときでも、瞑想できる方法はあります。瞑想すれば、あなたのマインドは非常に平和で静寂の中に落ち着くので、供給について神があなたに話しかけることでしょう。

今、お金を取り出し、それを自分の目の前に置いてください。金額がいくらでも、硬貨でも紙幣でもかまいません。そして、それを眺めてください。もしあなたが、私が見るものを見ることができるなら、それはドアの釘と同じくらい死んでいることに同意するでしょう——それは無生物で、生命がありません。

さらにそのお金を眺め続けて、自分の思考とともに進行すれば、あなたの思考はしだいにこのお金がどこから来て、どのようにあなたがそれを所有するようになったのかに向かうことでしょう。たぶん愛か感謝の表現として、誰かがあなたにそれを与えたのかもしれません。あるいは、あなたがそれを稼いだなら、それはあなたの何らかのサービスに対する彼らの支払いを表しています。それから、あなたはそのお金をどう使うか考えるかもしれません。一個の金属片、あるいは一枚の紙としては、それらはあなたにとって何の価値もありません。しかし、それは何らかの取引や購入の交換の媒介として使われることが可能です。今、あなたはお金としてのこの物体の光景を失い始め、何か有益で、愛情あふれ、豊かな何かとしてそれが機能するヴィジョンを受け取ります。すぐにあなたのマインドはお金それ自身を超え、なぜこのお金があなたに所属しているのかを理解し始めます。

いったんこの観点からお金を眺めることができるなら、お金があなたを満たすどころか、あなたが自分の能力とパワーでお金を満たすことがわかるでしょう。あなたのマインドが物理的な領域から目に見えない領域へ行く頃までには、平和が降りて来て、完全なる静寂がやって来て、その中でお金の真実の解釈に関して、神から何かメッセージを受け取ることでしょう。

もしあなたが、自分が重大な関心を寄せている何か、自分が不適切に執着しているどんなものに関しても、このプロセスに従うなら、あなたの経験の中で、その機能とその正しい解釈が与えられることでしょう。たとえば、一般的にはお金を貯めることは望ましいことだと考えられていますが、アルコールへの中毒（アルコールを貯めること）は悪いことだと考えられています。しかし、アルコール中毒の問題は供給の問題とほとんど同じ方法で扱うことができるのです。人がアルコールには善のパワーも悪のパワーもないことを理解し始めるとき、その人はアルコールに対するすべての好みを失います。これは大食や喫煙の習慣についてもまた言えることです。確かに大食や喫煙、飲酒に中毒している多くの人たちは、これらには何の悪のパワーもないことには喜んで同意しますが、同時に彼らは、それらは喜びや満足を与えるパワーをもっているとまだ考えています。しかしながら、善にしろ悪にしろ、人がそれにパワーを与えるかぎり、それらがその人を束縛するのです。

多くのアルコール中毒者はアルコールには何の悪のパワーもないと理解することで、癒されてきました。しかし私は、アルコールには善のパワーもないと知ることでこの同じ問題に対処し、ずっと多くの成功をおさめてきました。数年前、ある女性から非常に興味深いケースが持ち込まれました。その女性は、自分の夫が働くことを拒否するようになり、自分が彼を支えなければならなくなったこと、そして彼は彼女の給料日以外毎日ベッドに寝て、週の中で彼女の給料日だけは起き上がって、彼女が頑張って稼いだお金で一週間分のウィスキーを購入することを、涙ながらに、そしてひとりよがりの恐怖にかられて、私に話しました。状況全体が彼女にとってはもはや耐えがたいものになり、彼女はスピリチュアルなヒーリングに関心をもつようになりました。そして、私がそれに関してスピリチュアル的に何ができるのか知りたいと思ったのです。まったくの霊感によって、自然に次のような言葉が出て来ました。

「おわかりでしょうか？　あなたのご主人はまったくアルコール中毒ではないことが、私に閃《ひらめ》きました。あなたがアルコール中毒なのです」

「あなたのおっしゃることが理解できません」

「あなたはご主人よりもアルコールを恐れていますね」。彼女は理解しない様子で私を見て、そして言いました。

「おそらくそうです。毎日私はアルコールがやっていることを見ています。私の夫はアルコールがひどいものだとは考えてはいません。彼はそれが好きなのです」

「そこに意見の違いがあるのです。あなたは、アルコールは悪いものだと本当に信じていますね？」

「確かに私はそう信じています」

「しかし、私たちのワークの全基本は、どんなことにも善悪がないということです。ではそれで、どうするのでしょうか？　私はこんなふうにあなたに言うことができます。仮にあなたの夫があなたのお金を使ってジンジャーエールを買いたいとします。あなたはそれに反対しますか？」

「いいえ、私はそのために喜んで働くでしょうし、彼は好きなだけジンジャーエールを買ってもかまいません」

「ということは、ジンジャーエールは善いもので、お酒は悪いもの、ということですが、これもまた見かけにすぎず、私たちはアダムとイヴに戻ってしまいます。ではこの問題に関して、間違っているのはあなたなのか、あなたの夫なのかを見てみましょう。あなたの夫はお酒を善いものだと考え、あなたはお酒を悪いものだと考えていて、私が思うに、そこであなたは行き詰まっているのです。私が見ていることをあなたも見るまで、しばらくあなた方はその状況に留まることでしょう。つまり実際は、ジンジャエールは善くもなく、ウィスキーは悪くもなく、そのどちらにもパワーがなく、**すべてのパワーは神の中にある**ことを見始めることができるまで、ということです。それが私のヴィジョンで、私の見方です。神は無限のすべてのパワーで、神以外には善や悪のためのどんなパワーもありません」

「で、どうなるのでしょうか？　私は何をすべきなのでしょうか？」

「仮に翌週、あなたの夫は好きなだけのウィスキーを飲んでもいい、と私たちは同意することにしましょう。なぜなら私たちは、それは善のパワーも悪のパワーももっていないことを知っているからです。ですから私たちは、彼がそれでどうしようと気にしないのです。あなたはまっすぐに帰宅し、自分は重大な間違いを犯した、と彼に伝えてください。さらに、結局のところ、ウィスキーはそんなにひどいものではなく、これから彼は好きなだけそれを飲んでもいい、と言ってあげてください」

私の言葉は彼女にとってはあまりに残酷だったようです。彼女はショックを受け、外に出て、私のオフィスの外でしばらくすわっていました。しかしついに、今まで何も効果がなかったので、彼女は実験としてこれを試みる決心をし、オフィスの中へ戻って来て、言いました。

「この方法でもうまくはいかないでしょうが、でもそれをやったからといって、今までより悪くなることもないでしょう。だから、私はやることにします。でも、あなたのアドバイスはとても実行困難なことです」

「やってどうなるか見てください」


彼女は帰宅し、適切な時を待って、夫がウィスキーを欲しがったとき、言いました。

「もちろんですよ。ここにあります」

彼は驚いて彼女を見ましたが、何も言いませんでした。ついにそれから数日して、彼は彼女のところへやって来て、不平を言いました。

「こんなものを飲んでも、何もいいことがない。みんなまた戦争時のウィスキーを作っているんで、何のパンチも風味もない。それには何のパワーもない」。そうやって彼女の夫は究極的に解放されたのです。彼がお酒を飲めなくなったのは、彼が以前は受け取っていた満足感を、お酒がもはや彼に与えなくなったからです。


私の観察では、大多数のアルコール中毒の人々がアルコール中毒に苦しむのは、彼らが自分の耽溺が悪いと思うことよりも、何らかの善、つまり、それから喜びを引き出すことができると思うからなのです。お酒は善いものではないという理解があれば、アルコールに対する彼らの嗜好が消えるのです。

このことを注意深く観察してください。悪はパワーではないと宣言しながら、善はパワーであると信じる形而上学的間違いを犯さないでください。その人物が肉体的形態にあるにしろ、思考形態にあるにしろ、それを恐れたり崇拝したりするという間違いを犯さないようにしてください。それを恐れたり美化したりしないでください。すべての形態の唯一の創造者を崇拝してください。そして、あなたがそうするとき、あなたは善のパワーも悪のパワーももちません。あなたはただ神のパワーだけをもっていて、そのほんの短い瞬間にあなたはエデンの園に戻り、そこではたった一つの問題もなく、あなたに否定的あるいは肯定的に作用する勢力やパワーも何もありません。あなたは平和の雰囲気の中でただ佇んでいるだけです。

もしあなたが**それ自身では**善いものも悪いものも何もないと確信して、本書を置くことができれば、あらゆる心配を投げ捨てることができ、二度と再び不眠の夜を経験することはないでしょう。その意識状態では、あなたを心配させることも目覚めさせておくことも何もないでしょう。また大喜びすることも何もないでしょう。このような生き方を続けると、あなたは人間生活のスリルと興奮を一部失うことは確かです。だからといって、あなたは花とか音楽とか、この世界のすべての美しいものを楽しみ続けない、というわけではありません。唯一の違いは、あなたはそれらに過剰に大喜びしなくなる、ということだけです。

こういった興奮の欠如は、あなたが心配を経験しなくなることで埋め合わされることでしょう。なぜなら、あなたは今やどんな物や状況にもそれ自体には善悪の質がないこと、そして、あなたがその人や物にこういった質を投影するまでは、そういった質は存在しないことを認識するようになったからです。その見かけが何であれ、それは何らかの形態にすぎず、あなたがこの物は美しいとか醜いとか、この人は善いとか悪いとか、あなたの犬はあなたにとって忠実だけど、隣人の犬はうっとうしいということを自分のマインドで決定するまでは、それはあなたの前にある空白にすぎないのです。

あなたのマインドと私のマインドは人間的信念の特徴的な無知に染まり、迷信、環境的教育的条件づけ、医学的心理学的知識で満ちているので、私たちは人々や物事をありのままに見ることができません。私たちは彼らがそう見えるように見、見かけで判断し、それゆえ、そういった判断の結果に苦しむのです。

無知、迷信、恐れから私たちのマインドを解放する方法は、エデンに戻ることであり、そこでは善悪の知識はなく、私たちが「裸」か服を着ているのかという心配をなくし、つまり、今この瞬間私たちが金持ちなのか貧しいのか、人間的欠点や美点をもっているのかどうか、私たちが幸福か不幸かを心配しないという意味です。

今この特別な瞬間、私たちがいるところから始めましょう。そして、神がこの宇宙の原理なので、それは完璧であるという理解から、私たちのスピリチュアルな進展が始まるようにしましょう。星は星で星であり、バラはバラでバラであり、犬は犬で犬であり、月は月で月です。しかし、それらを善いとも悪いとも呼ばないようにしましょう。それらをその名前――星、バラ、犬、月と呼びましょう。そうすれば、神がそれらの本質と、それらが私たちの経験の中で占める正しい場所と機能を啓示してくれることでしょう。

宇宙のあらゆるものは神から出現しますが、人間は多くの発明を求めてきました。人間は神の創造のスピリチュアルな現実を破壊的目的のためにねじ曲げ、ついには原子の栄光でさえ原爆という恐怖になりました。神ではなく、人間がそれをやったのです。神は私たちが空中を飛ぶことを可能にする原理を私たちに与えましたが、人間は破壊の道具のためにこれらの原理を利用してきたのです。マインドが善悪の考えで歪んでいるかぎり、神に与えられたこれらのアイディアの祝福も、何百万人の人たちの墓になりました。しかしながら、私たちのマインドの中に善悪の意図の痕跡がないとき、その無条件のマインドは、それを通じてこれらの原理がその純粋さ、調和、完璧さの中で流れ出す道具となるのです。

私たちが自分のマインドを善悪の判断から自由にしておく程度に応じて、それは観念なく機能し、そうすれば、生命の原理が表現されます。純粋な法則として、アインシュタイン（ドイツ生まれの理論物理学者。一八七九～一九五五）を通じてやって来たように、それらはやって来るのです。同様に、何の善悪判断ももたずに静寂に定着している、つまり、病気を取り除こうともせず、罪を克服しようともせず、恐れを破壊しようともしないで、ただ神の恩寵の真空に定着している理解あるプラクティショナーのマインドを通じて、神霊がやって来るとき、真理がその純粋な形でやって来て、患者は、「私はよくなりました」とか、「私は治りました」と言うのです。

人間性を創造し、永続化させるものは正反対の両極です——花は美しいが、雑草は悪いものという信念、コマドリは善いが、バラの木にいる虫は悪いという信念です。しかしながら、もし私たちが何かの悪い見かけを善いものとしてうわべを飾ったりせず、またそれを悪いものと判断したりすることもなく、ただ存在するすべては純粋な魂であり、無限にそれ自身を表現していることを認めるなら、やがてはバラの木にいる虫も、破壊的機能を果たすことができない自分のふさわしい場所を発見します。いわゆる悪人でさえも、よい目的に奉仕し始めることでしょう——実際彼らはそうしています。あるいは、彼らは自分の目的を果たすことができる立場から排除されるのです。

私たちは、悪が人々、思考、物事の中に表現されない時代に近づきつつあります。悪は地球上から押し出されることでしょう。なぜなら、地球は唯一のパワーという原理の知識で非常に満ちるので、悪が機能するための通路がなくなるだろうからです。それが頭を出すやいなや、意識に浸透しているこの目に見えないスピリチュアルなパワーによって、排除されることでしょう。

8章 わたしたちは今後、だれをも肉によって知ることはすまい

あなたのマインドに次の質問が浮かんだかもしれません。「どうやって私は善悪について考えたり、それを信じたりすることを止めることができるのか?」と。この点を明確にする助けとなるかもしれない例を挙げてみましょう。自分の手を眺め、「これは善い手だろうか? それとも悪い手だろうか?」と自分自身に尋ねてみてください。そして、あなたがこれまでに学んできたことを実践するなら、あなたの手は善いものでも悪いものでもない、と認めなければならないことでしょう。それはただの手、肉体の欠片と骨の束です。それは**それ自体では**行動するための何のパワーももっていません。それはなでることもたたくこともできません。それは与えることも差し控えることもできません。しかし、あなたはそれを動かすことができ、与えたり差し控えたりするための道具として、それを使うことができます。**あなたは**そういったことをやることができますが、**その手は**できません。

手はあなたが使うための道具にすぎません。それは様々な目的のために使うことができます。それは気前よく慈悲深く与えることも、厚顔に盗むこともできます。この手はそれ自身では何もすることができません。この手を動かすことができる何かがあるはずです。あなたが自分の手を統治しているので、善いことをしたり悪いことをしたりするために、あなたはその手にパワーを与えることができます。あなたは自分の手にパワーを与えるだけでなく、善いことをしたり、ときには悪いことをしたりするパワーを、自分の肉体全体にも与えることができます。

しかしながら、あなたがマインドと思考を超越するとき、マインドと肉体は神である**「私」**に統治されコントロールされ、これが善でも悪でもなく、スピリチュアルなマインド、肉体、日々の経験を生み出すのです。この秘密もまた無条件のマインドに到達することにあり、そのマインドを通じて魂が生命と経験として機能します。

この手はそれ自身では何もすることができない、とあなたがすすんで認めるまさにその瞬間、それは**「私」**によって統治され、そのときからそれは神の道具となり、ただ祝福するだけのパワーを持ち運びます。なぜなら、あなたと私は自分たちの人間的自己によって、もはや自分の手を統治しているのではないからです。今、**「私」**が統治しているのであり、**「私」**が在り、**「私」**は神です。

自分の手の考察から今度は自分の体全体をマインドに入れ、同じ真理を理解してください——あなたは善い肉体も悪い肉体ももっていませんし、若い肉体も病気の肉体ももっていません。あなたの肉体は単なるたくさんの肉と骨です。それ自身では知性をもっていません。それは病気についても健康についても何も知りません。それは時間を知りません。それはカレンダーをもっていません。不幸にも、人間の私は知っていて、そのせいで、肉体が変化します。肉体は一年の季節について、それが冬なのか夏なのか、善い季節なのか悪い季節なのかを何も知りませんが、不幸にも私たちは知っています。そのせいで、私たちがマインドで受け入れたことを肉体は反映します。

肉体がこの世界の信念を身につけるのは、マインドがその通路となるからです。ですから、肉体が善いものか悪いものか、若いものか老いているものか、健康なものか病気のものかを決定するのは、マインドです。しかし実際は、善い肉体も悪い肉体も、若い肉体も老いた肉体もありません。そして、その瞬間から神の存在とパワーである**「私」**が引き継ぎ、その状態と肉体を実現し始めるのです。

私たちが自分の肉体は生きた神の寺院であることを理解し始めるとき、自分の肉体を神が好きなように使うにまかせます。そのとき私たちの肉体は神のため、私たちの存在の中心にいる**「私」**のための道具となるのです。しかし、そういったことを開始するための意欲をもたなければなりません。そしてそれは、肉体には善も悪もなく、肉体それ自体にはそれ自身の何の特質もないと知ることによって、為されるのです。それはただ、それに課されたことを単に表現するだけです。

肉体とそれに課された状況に対する態度を反転することは、意識的に次のことを理解することによって始まります。

私の肉体の中には何の善悪もありませんし、何の年齢も若さも強さも弱さも、その中にはありません。私の肉体はただ「私」、自分の内部にいる神のための道具にすぎず、それは私の存在を創造し維持する原理です。

あなたを悩ませている重大な問題――あなた自身の問題、あなたの子供の問題、孫の問題――について少しの間、考えてください。それについて考えるとき、自分自身に尋ねてください。「これらの状況は善いものだろうか、それとも、悪いものだろうか？　誰がそう言ったのか？　それらが善いとか悪いとか、誰が決定したのか？」と。それからまた尋ねてください。「神は悪を創造したのか？」と。それに「はい」と答えるほど、あなたは愚かではないと私は思います。

もし神が永遠性と不死を創造したなら、もし神の中に、「汚れた者や、忌むべきこと及び偽りを行う者」（ヨハネの黙示録21章7）が誰もいないなら、神が悪を創造しなかったことは明らかです。しかし、神が悪を創造しなかったならば、誰がそうしたのでしょうか？　誰かが**その信念を享受した**のでしょうか？　あるいは、あなたがその信念をずっと享受してきたのでしょうか？　誰がその信念をあなたに与えたのでしょうか？　どこからその信念が入って来たのでしょうか？　あなたはその質問への答えを知らないかもしれませんが、本書のテーマでもあることの原理を学ぶにつれて、この質問だけでなく、他の質問に対する答えもあなたに明らかになることでしょう。しかしながら、この時点ではまず現実には善いことも悪いこともないという前提を、すすんで受け入れたらどうでしょうか？

　もしあなたがすべての人間的条件はその名前や性質が何であれ、人間的マインドの信念――その信念がエデンの園からの追放を招いたのでした――として、存在していることを理解できる地点に到達するなら、そして神が無限であるゆえに、正反対の両極はないことを自分の内奥のハートの中で確信するなら、そのときにはマスターとともに、「わたしはすでに世に勝っている」（ヨハネ16章33）と言うことができます。そのときあなたは神の王国へ戻っています。そしてそこでは、誰も健康とは何か、痛みがないとはどういうことか、豊かさとは何かを知りません。なぜならそこでは、誰も痛み、病気、貧困が何かを知らないからです。もし人が健康と豊かさとは何かを知らなければ、どうして人はその正反対のものを知ることができるでしょうか？　比較すべきものがありません。ただ神だけがあり、ただスピリチュアルな存在だけがあり、完璧さだけがあるのです。

　私たちがヒーリング・ワークに近づくとき、自分の意識の中に取り除くべき、あるいは超越するべき悪の気づきをもつべきではありません。しかし、ほとんどの人の中には非常に多くの人間性が残っているので、罪、病気、死、欠乏、制限という形態で、自分の目の前に見かけがあることを、まだ私たちは認識します。そして、そういった見かけに直面するかぎり、私たちは絶対的に確信できないので、現実逃避主義者のように見かけを無視して、「ああ、神がすべてです。間違いは何もありません」と繰り返し繰り返し言うだけです。これは役に立たず、愚かしいことです。私たちはこんなことをすべきではありません。私たちは、神が神自身の言葉を私たちに語ることをゆるすべきです。そして、私たちが静かな小さい声を聞くとき、あるいは自分の中にあの鼓舞の感覚を感じるとき、目の前の罪、病気、死、欠乏、制限の見かけが何であれ、それが消え去ることを確信するでしょう。しかし、自分は賢明な人間なので、それをもたらすことができると考えてはいけません。

あなたがその言葉を知り、「善も悪もありません」と口頭で、あるいは沈黙で言うことができるからと言って、その繰り返しがあなたの人生で奇跡を生むと信じてはいけません。なぜなら、それは奇跡を生まないからです。それを自分が実証できるまで、あなたはこの真理とともに生きなければならないのです。あなたはそれを自分自身の内部で繰り返し繰り返し証明しなければなりません。さらに言えば、世界があなたの中にそれを見ることができるほどそれが明白になる前に、あなたが誘惑に負けて、このことを誰かに言ってしまうとすれば、あなたは自分が受け取ったものすべてを失うかもしれません。さらに、あなたはそれを今生で実証する可能性さえ失うかもしれません。なぜなら、誰も神の言葉を軽々しく扱うことができないので、それを自慢したり、それをもて遊んだり、自分がそれを保持できると考えたりすることはできないからです。

あなたがこれを自分自身の中にしっかりとだきしめる程度においてのみ、この原理を証明できるのです——それを聖なるものにし、それを秘密にしておき、そしてそれを使うのです。それが新聞の中のものであれ、ラジオの中のものであれ、家族の中のものであれ、路上のものであれ、あなたが直面するあらゆる間違いに対して、朝に昼に夜にそれを使ってください。あなたがいつどんな間違いに直面しても、自分自身にこう尋ねてください。「このせいで、私は善悪を信じることができるのか？　私は二つのパワーを受け入れさせられるのか？」と。もしあなたがそう尋ねることができれば、見かけで受け入れたり見かけで判断することを慎み、誰かや何かを癒そうと試みたりしないことでしょう。ただ、自分自身の中に留まり、正しい判断をくだし、エデンの園に留まることでしょう。そこはあなたのスピリチュアルな領域、聖なる調和の状態を現しています。

正しい判断は次のことを知っています。「最初に神がいました。神は作られたすべてを創造しました。神は自分が創造したものを眺めて、それが非常に善いものだと思いました」（創世記1章参照）。あなたはその真理にしがみつくことができますか？　醜い見かけが頭を出すとき、あなたはそれらに騙されるという誘惑を克服することができますか？　あなたは自分自身の内部で、「私はすべての生命のまさに実体を構成するものとして、神だけを受け入れます。私に善悪を受け入させることはできません。なぜなら、ただ神霊だけがいるからです。つまり、ただ唯一の生命だけがあるからです」と知り、宣言することができますか？

スピリチュアルなヒーリングは人間的局面では起こることができません。それは、あなたが人、病気、状況、信念、主張について考えることをやめ、神、神霊――全体性と完璧さだけがあるエデンに戻ったときに初めて起こることです。結果の立場からワークをしたり、あるいはアダム的世界で何かを矯正したりしようという立場から祈る人は、スピリチュアルなヒーラーになることができません。なぜなら、仮にその人が成功するとしても、ただ不快な夢を楽しい夢に交換しただけだからです。もしその人が人間的風景を改善することに成功したら、悪い物質性の代わりに善い物質性を得ただけだからです。善い物質性を得たとしても、その人は神の王国に少しも近づいていないことでしょう。

あるとき私はほとんど死にかけている人がいる部屋にすわっていました。そして私は、似たような状況にいる誰もが感じるであろうことを感じていました。なぜなら、彼が死ぬことを防ぐために私にできることは何もないとわかったからです。不可避に見えることを防ぐ奇跡的才能も奇跡を働かせる言葉も、私は何ももっていませんでした。奥深い内部から何かが出て来なければなりませんでした。さもなければ、葬式があるところでした。私にできることはただ内側のあの小さな声に向かい、ときには懇願し嘆願しながら待って待って待つだけでした。

ついに神の声はやって来て、次の言葉が聞かれました。「これはわたしの愛する子、わたしの心にかなう者である」（マタイ3章17）。もし誰かがその病人を見たら、それを信じないことでしょう。ここに病気の末期的状態で、死にかけている人がいました。その見かけにもかかわらず、その声は言ったのです。「これはわたしの愛する子、わたしの心にかなう者である」。これらの言葉が来てまもなく、その言葉が実際の事実となって実証され、健康、調和、完全さが回復されたのです。

また別の機会に、私は自分の父親のかたわらに呼ばれたことがありました。彼は酸素テントの中で横たわっていて、付きそった内科医によれば、彼は死にかけていました。私はこの見かけを健康に変えることができるどんな知恵の言葉ももたずに、そこに立っていました。そんな状況で自分の父親の前に立つあらゆる人と同じように、私はただそこに立っていましたが、たった一つだけ違いがありました。私は、もし神が神の声を発すれば、地上は溶けることを知っていました。その器具を通じて自分の父親が呼吸するのを眺めながら、私がそこに立っていたとき、その言葉がやって来ました。「人は呼吸によってのみ生きるにあらず」。五分以内に父は看護師にその装置を取り去るように指示し、二日後に父は退院したのです。

誰がその状況を悪と決めつけたのでしょうか？　神ではありません。神は単に「人は呼吸によってのみ生きるにあらず」と言っただけで、そのおかげで人は呼吸によって生きるという信念を消散させ、人は神の言葉によって生きることを証明したのです。

あなたが二つのパワーへの信念を享受しているかぎり、問題に見舞われる可能性があります。すべての状況を次のように質問しながら眺め始めるいなや、あなたは自由なのです。「あなたが裸だと誰が言ったのか？　あなたが悪だと誰が言ったのか？　これが罪だと誰が言ったのか？　これが病気だと誰が言ったのか？　これが危険だと誰が言ったのか？　それはどこから来たのか？　神はそれを誰かに言ったのか？」

スピリチュアルなヒーラーとしてのあなたの機能は、病気を取り除いたり、癒したり、神が病気を癒すと信じたり、病気を取り除く何らかの決まり文句や肯定的宣言がある、と信じたりすることではありません。あなたの機能は、この死すべき創造全部が善悪への信念から成り立っているという真理を知ることです。そのことを認識するまさにその瞬間、あなたは健康も病気も、貧困も豊かさも知ることなく、ただスピリチュアルな調和――エデンの園――の継続的出現だけを知ることでしょう。

あなたが二つのパワー――神のパワーと、罪、病気、欠乏のパワー、あるいは占星術やダイエットのパワーを信じているかぎり、けっしてスピリチュアルなヒーラーにはなりません。自分がどんなパワーも必要としないと知るまで、あなたはスピリチュアルなヒーラーではないのです。神は自分のスピリチュアルな宇宙を永遠に維持し、それに何も間違っていることはありません。間違っているところがあるのは、私たちに関してです。間違っているのは二つのパワーへのこの普遍的信念です。

創世記の第2章では、神はもはや創造者ではなく、「主神」と呼ばれる存在がいます。主とは、法則と同義語です。言い換えるなら、創世記の第2章の人間は法則の下に生きているのに対して、第1章の人間は神のイメージと似姿で創造し、恩寵の元で生きているのです。

どうしたら私たちは恩寵の元で生きる人間になることができるのでしょうか？　二つのパワーへの信念を放棄する以外に方法があるでしょうか？　二つのパワーへの信念を放棄するとき、恩寵が私たちの全存在に浸透します。恩寵は私たちを支援し維持し、支えます。そして、恩寵は私たちより先に行って、曲がった場所を真っ直ぐにします。恩寵は私たちのすべてです。それにもかかわらず、私たちは魚が水に気づかないのと同じく、それに気づいていません。魚が水の中を泳いでいますが、そのことを知りません。鳥は空気について何も知りませんが、それについて考えることなく飛んでいます。フランシス・トムソン（英国の詩人。一八五九～一九〇七）はこう語ってます。

魚は海を見つけるために、空高く舞い上がるだろうか？
鷲は空気を見つけるために、水に飛び込むだろうか？
私たちは動いている星々に、
そこで神のうわさを聞くかどうか尋ねるだろうか？

同じように私たちがスピリチュアルな健康状態にいるときも、病気を知らないだけではなく、健康も知りません――ただ自分が調和し、普通で自由であることを私たちは知るだけです。健康な人はどうやって健康を描写できるでしょうか？　それは不可能です。なぜなら、その人はそれを知らないからです。その人はそれが何であるにしろ、自分がその中にいて、それは快適であることを知るだけです。

あるときどこかでどういうわけか、二つのパワーがあるという自分たちの一部ではない信念を、私たちが受け入れたことを理解しましょう。その二つのパワーとは、私たちのために何かをしてくれることができながら、現在は活動していない神のパワーと、まさに現在活動している悪のパワーです。神のパワーはそれができるすべてをすでにやっていて、それは意識のエデン的状態の中で活動していますが、二つのパワーの世界の中では活動することができません。

ですから、私たちや私たちの隣人たちがどれほど善人で道徳的で善意の人であっても、私たちも彼らも罪、死、事故、戦争を免れないのです。何度も何度も次の質問が尋ねられてきました。「もし神がいるなら、どうしてこんなことが可能なのか？」と。その答えは驚くべきものです——「神は存在するが、**人間的風景の中には神はいない**」。創世記の第2章に神はいません。原因と結果の法則——カルマの法則——である主神だけがいるのです。私たちが原因と結果の法則を超えるとき、もはや法則の下ではなく、恩寵の下、言い換えるなら、創世記の第1章の中で生きていて、そこには人間的悪も人間的善も存在しません。罪もなく、純潔もなく、ただ神だけが存在します。

それが自分の問題であれ、家族、友人、患者、生徒の問題であれ、あなたが問題をもっているなら、あるいは誰かが私たちの大きな理解ゆえに調和を探して私たちに頼るなら、善も悪もないというこの原理が、私たちの瞑想の中で実践されなければなりません。

父よ、ここで私はあなたと交流するために待っています。しかし、何の目的のためでしょうか？　それは悪を善に変えるためでしょうか？　もしここで必要とされることがそれなら、私があなたにそうしてくれるように頼む前に、あなたはそう為さったことでしょう。しかし、あなたはそれについて何も為さっていないようですので、たぶんそれは必要ないのです。

「主の霊があるところには、自由がある」（コリント人への第二の手紙3章17）。主の霊があるところには、悪はないのです。そのとき悪はどうなるのでしょうか？　光が入るとき、暗闇がどこへ行くのか発見した人は誰もいません。しかし、太陽が出て来るとき、光があり、太陽の存在の前では暗闇はありません。神の存在の前では、罪も偽の欲望も、病気も欠乏も、失業も不安定さも、危険も何もありません。なぜなら、そういったすべてが神の存在の前で消滅してしまうからです。

神がいるところに、私は悪を見つけません。私は神――私の高いパワーとしての神、私の健康の支援としての神、私の供給としての神、すべての中のすべてとしての神を発見します。

それがそれ自体で何であるにしろ、それは善でも悪でもありません。なぜなら、悪も善もどこにも存在していないからです。神だけが存在していて、すべての空間を満たしています。ですから、何も改善すべきことはなく、善から逸脱できることもありません。神はご自身からこの宇宙を形成されました。それゆえ、善いのは神であり、状況や物ではありません。見かけは善や悪を証言しますが、私はそれらを受け入れません。

神は私の肉体を構成していて、それは神の寺院です。神は私の居住地です。神は私の健康の支援です。神はもっとも高き秘密の場所であり、そこに私は住み、活動し、私の存在をもっています。

癒すためには、思考を超えることが必要です。瞑想は真理の熟考から始まりますが、ヒーリングが為される前に、それはより高い静寂な気づきの領域に上がらなければなりません。ヒーリングのための瞑想の最初、「わたしたちは今後、だれをも肉によって知ることはすまい」（コリント人への第二の手紙5章16）といった真理の章句が思考の中に入って来るかもしれません。それが数回繰り返されたあとで、あるいは私たちがそれを意識的に繰り返したあとで、私たちが「肉（体）によらない人」の意味を考察するにつれて、思考が静まるのです――今後私たちは善い肉体の人も悪い肉体の人も知りません。今後私たちは病気の人も健康な人も、金持ちも貧乏な人も知りません。今後私たちは個人的スピリチュアルな人として現れた神しか知りません。

これが「無限の道」、そしてヒーリングの秘密です。「わたしたちは今後、だれをも肉によって知ることはすまい」――健康な肉体によってさえ。今後私たちは誰もその富によって知ることはない――富が多いにしろ少ないにしろ。私たちは父としての神、子としての神、神のスピリチュアルなイメージと似姿しか知りません。今後私たちは人間を構成しているものとしてだけ、神を知ります。今後私たちは人間の実体としての神だけを知ります。今後私たちは人間の生命、人間の魂、人間の健康、人間の富、人間の居住地としての神だけを知ります。今後私たちは人間ではなく、神だけを知ります。

今私たちは、人間は肉体ではなく意識であり、スピリチュアルな特質だけを所有していることを認識しています。また、私たちは次のことにも気づいています――それ自身のイメージと似姿を生み出す創造的原理があり、その創造的原理はまた生命を支える原理であるゆえに、その創造は必然的にそれ自身の本質――生命、愛、神霊、魂――の性質を帯びるはずだと。これが人間の本質です。

「今後わたしたちは、だれをも肉によって知ることはすまい」。では、どうやって私たちは人を知るのでしょうか？　神の子として、その人の本当のアイデンティティとして、です。私たち自身と他のあらゆる人がスピリチュアルな子孫であることを知るにつれて、私たちはけっして肉体を眺めずに、彼らの目を通じて眺め、死すべき人間を超えた彼らの背後に、若い人や老いた人、病気の人や健康の人を超えた、キリストが座しているところでついに見ることができます。目に見える人間はそれが病気であれ、健康であれ、キリスト人間ではありません。その人間の本質はスピリチュアルな本当の自己であり、キリスト人間は肉体の法則に――調和的な肉体の法則にさえ――支配されているのではなく、ただキリストにだけ支配されています。

まもなく人はそういったメンタルな思索や黙想の終わりに到着し、何の思考も侵入しない静かで平和な受容的状態に落ち着きます。その意識状態の中で、ヒーリングを為すキリストが引き継ぎ、静寂と平和が意識を満たすのです。それはスピリチュアル的な「静まれ、黙れ」（マルコ4章39）であり、平和と静寂の意識からヒーリングの恩寵が流れ出て、人やその人の患者を包み込み、そのとき経験の中で調和が明らかになり、感じられるのです。

私たちが瞑想しているとき、自分のマインドの中で病気の人、罪深い人、貧しい人とともにすわるかもしれません。しかし、病気の人も健康の人も、金持ちの人も貧しい人も、罪深い人も純粋な人も誰もいない場所へやって来るまで、私たちは瞑想をやめて立ちあがるべきではありません。健康にすべき病人もいなければ、喜ぶべき健康な人もいないのです。ただ、神だけが存在します――**父として顕現する神、子として顕現する神がいる**だけです。そのとき私たちの祈りは完成し、それとともに、「まさにそうである」という確信がやって来るのです。

私たちが真理を「知って」いるかぎり――真理を考えたり、宣言したり、声に出したりしているかぎり、私たちはメンタルな領域にいます。確かに私たちはスピリチュアルな物事を考えているかもしれませんが、それらをメンタル的に考えているだけで、それゆえヒーリングが起こらないのです。もし何らかの場合、ヒーリングが実際起こるなら、それはメンタルな説得を通じて起こったのであり、それはスピリチュアルなヒーリングではありません。それは、メンタルなヒーリング、つまり、暗示の影響や、「あなたは健康である」、「あなたは完璧である」、「あなたの中で神の意志が為されている」というような肯定的宣言の実践の結果であり、マインドがその暗示を受け入れ、それに反応したのです。しかし、これはスピリチュアルなヒーリングではありません。なぜなら、患者は単に別の人のマインドの暗示に反応しただけだからです。

「無限の道」では暗示を使いません――私たちは治療においてけっして言葉を使いません。私たちは患者の名前も病名も、不平や不満も状況も治療の中へ持ち込みません。また、人が私たちに助けを求めたあとで、その人を自分の思考の中へ入れません。私たちが熟考しているとき、私たちがまだメンタルな領域にいるとはいえ、それは患者についてではないのです。それは神と、私たちが知っている神の物事、あるいは私たちが理解し、今までに読み、今実現しようとしている神の法則についてです。

私たちはこれらの何からもヒーリングを期待しません。なぜなら私たちは、創世記の第2章からは、神の子をもたらすことができないからです。そこからは肉体の子であるアダムしか出て来ません。この肉体の人間がエデンへ、その人の正常なスピリチュアルな調和へ回復できる唯一の方法は、その人についての思考を考えることではなく、善も悪も認識しない静寂の状態に入ることによってです。

私たちが何の願望ももっていないとき、悪への願望をもたないのと同様、善への願望ももちません。そのとき私たちは純粋なので、願望のないエデンの園にいるのです。それは善を望む状態ではなく、存在に満足している状態です。

9章　ここはスピリチュアルな世界です

数年前、南アフリカへ行く途中、私は一日だけベルギー領コンゴに滞在しました。予約を担当した人と彼のアシスタントが私のすべての切符をチェックし、必要な検査をし、荷物の重さを量りました。そのあと、私は現地の少年を呼び、私が搭乗することになっていたヨハネスブルグ行きの飛行機に、三つの荷物を運ぶように頼みました。そこは非常に小さい空港で、その少年が両手に大きな荷物をもち、小さい荷物は脇に抱えて、ゲートを出て畑のほうへ向かうのが見えました。数分後彼は荷物をもたずに戻って来たので、私は彼に「ＯＫ？」と尋ねたら、それに対して彼は「ＯＫ」と答えました。

翌朝私がヨハネスブルグへ到着したとき、たった一つ小さい荷物が私を待っていただけで、他の二つの大きな荷物は行方不明でした。ヨハネスブルグのこのにぎやかな大空港の担当者はすぐに私の荷物の捜索を始めましたが、荷物置き場にも乗務員の荷物の中にも見つかりませんでした。さらに彼らは人を送って飛行機内を探索させましたが、そこにも荷物はありませんでした。航空会社の担当者は、「ベルギー・コンゴの空港へ問い合わせたあと、すぐに折り返しご連絡します」と言いました。それで私はホテルへ行くしかありませんでした。

ヨハネスブルグにいる「無限の道」の生徒たちが、クルーガー国立公園への観光を手配してくれたので、必要な服を購入したあと、私たちはこの素晴らしい野生動物保護区へ三日間のトレッキングへ出発したのです。私はその間、戻って来たときには、荷物を受け取れるだろうと完全に期待していました。ところが戻って来たとき、荷物はまだ見つかっていませんでした。航空会社は、誰かがそれを盗んだにちがいなく、その誰かとはあの現地の少年と共謀者のはずだと説明するだけでした。なぜなら、その少年が最後に目撃されたのは、彼が荷物をもって畑のほうへ運んで行くところだったからです。

この説明がバカバカしいことはすぐに明白になるべきでした。なぜなら、誰にも気づかれずに、二つの大きな荷物を空港の離着陸場から外へ持ち出すことはできないはずだからです。それにもかかわらず、町の中で原住民がいる地域すべてが捜索され、その場所は徹底的に調べられました。なぜなら、警察は泥棒があったと確信したからです。こうしたすべての大騒ぎにもかかわらず、荷物は見つかりませんでした。

三週間、私は荷物もお金も――財布もドル札も――もたず、南アフリカに滞在していましたが、特に問題はありませんでした。私は普通に食べ、私のホテル代は支払われ、服も購入されたからです。とはいえ、購入したのは必要最小限のものだけでした。なぜなら、私は自分の荷物が出て来ると確信していたからです。しかし、それは非常に間違った確信だったのです。

インドに向かって出発する二日前、私はこの出来事を真剣に考えてみました。「これは私の側の失敗を意味している。その失敗とは何だろうか？　どこで何を間違ったのだろうか？」私がすわって、瞑想し熟考しているとき、ついに答えがやって来ました。「ここはスピリチュアルな世界である。それなのにここで私は荷物を待っている。しかし、事の真実はと言えば、荷物は何もないのだ。荷物という存在すべては時間と空間の信念の一部である――荷物が空間の中を占有し、それからそれがその空間の中である時間に失われうるという信念。ここで私たちは荷物を発見しようとしているが、もし万一それが見つかるなら、人間的風景が操作されたという証拠にすぎないだろう」

「このイメージ全体に何の真理もないのだ。なぜなら、私たちはスピリチュアルな世界に住んでいるからで、そこでは荷物は何も必要ではない。何であれ現実に存在するものは、非物質的で、スピリチュアル的で、遍在している。時間と空間の中で有限の荷物のように見えるものが何であれ、思考の中のイメージのはずで、それ自体は何の現実ももちえない。それなのに、私は愚かしくも、あらゆるアイディアが遍在しているスピリチュアルな世界の中で、物質的荷物を待ち望んでいたのだ」。こう理解して、私は納得しました。

この理解のあと、この話はたちまち解決しました。翌朝8時に、ヨハネスブルグの空港のアシスタント・マネージャーが机にすわっていたとき、突然どこからともなく、「荷物は空中に消散することはできない。それはここと向こうの間で消えるはずがない。それはどこかにあるはずだ。それはどこだろうか?」という思考がやって来ました。突然別の考えが彼のマインドに浮かび、彼は乗務員が一晩の休憩のために泊まっているホテルへ行き、そこの床に二つの荷物があったのです。それらは三週間も、そこで待っていたのです。誰もその可能性を思いつきませんでした。事実、**私が荷物のことを考えるのをやめる**まで、誰も実際的な解決法を思いつかなかったのです。

この話はスピリチュアルな生活とヒーリングにおいて非常に重要な点を描写しています。通常、形而上学では、私たちは、「ああ、それは現れるはずだ」とか、「それが失われたはずがない」などと考えることでしょう。言い換えるなら、私たちは一つの「**それ**」、荷物と呼ばれる**それ**に対処しているのです。このように問題に対処する方法が間違っていることは、すぐに明白です。なぜなら病気の場合、首尾一貫とするためには、心臓、肝臓、肺、胃、消化器、排泄器、頭、足を特別に扱う治療を、私たちは与えなければなりません。それは、そのとき私たちは完全にスピリチュアルな存在の領域の外側にいるからです。私たちのほとんどが充分にこの道を理解しているので、名前によって人々を治療しませんし、心臓、肝臓、肺も治療しません。しかし、私たちがどれほど簡単に騙されて、荷物を探すようになりうるのか見てください。

私たちは非常に自分自身を確信し、正しい方向へ進んでいると信じています。しかし突然、人間的感覚によって催眠にかかり、荷物や荷物の欠如について考えさせられてしまうのです。理解してもらいたいことは、私は荷物がなくなったことを心配していたのではない、ということです。私の間違いは、それが出て来るだろうと私が確信していたことでした。それは人の心臓がよくなるだろうとか、彼の具合の悪い足がよくなるだろうと確信することと、まさに同じことなのです。その一方、私たちのすべてのワークが基盤としている原理は、創世記の第1章で語られている現実の創造によるものです。その中では神は創造されたすべてを作られ、そして神が作ったものは善いものである、ということです。

スピリチュアルな創造は非物質的創造であり、その証明は、空に太陽がある前に光があったことです。もし創世記の第1章で語られているスピリチュアルな創造の中で、私たちが生き、活動し、自分の存在をもつなら、荷物をもつことなく、必要とするあらゆるものをもつことができるのです。私たちが見たり聞いたり、味わったり触れたり、嗅いだりすることができる感覚世界は、創世記の第2章で描写される非現実的創造です。それはマインドの中のイメージです。もし私たちが人間的風景を操作したり、思考内の影としてだけ存在しているメンタル・イメージを扱ったりしなければ、そのときこれらのメンタル・イメージが素早く消散することを目撃するでしょう。

ただし、私が言っていることを誤解しないでください。旅行しているとき、荷物は非常に現実的なもので、必要であることを私も知っています。また私は、たいていのときは肉体の観念は現実に見えることも知っています。なぜなら、あれやこれやのせいで、私たちは肉体の観念に気づくからです。そしてそのせいで、それが現実だと考える誘惑があります。私たちは肉体を否定しません。それは現実ですが、私たちが肉体として見ているものは、肉体ではなく、自分自身の思考内部のメンタル・イメージ――私たちの内部で個人化された一般的メンタルな観念なのです。

物質的肉体といったものはありません。肉体の物質的観念があるだけで、物質的世界といったものはないのです。唯一のスピリチュアルな世界に対する物質的観念があるだけです。私たちが世界の物質的観念を受け入れるかぎり、物質の法則の下にいます。しかし、私たちが創世記の第1章の中で生き、活動し、自分の存在をもち、神の魂は人間の魂で、神の生命は人間の生命で、神のマインドは人間のマインドで、神の肉体は人間の肉体であることを理解し始めるやいなや、自由なのです。なぜなら、創世記の第1章の中では、人間は神ないし神霊のイメージと似姿で作られているからです。

「あなたがたは知らないのか。自分のからだは、神から受けて自分の内に宿っている聖霊の宮であって」（コリント人への第一の手紙6章19）――それは鏡の中で見られるような肉体ではなく、実際のあるがままの肉体です。私たちは物質的荷物ではなく、遍在を扱っているという私の理解が、実証に必要な一人の人を即座に目覚めさせたのです――彼を遍在という考えに目覚めさせ、まさに彼のいるところで荷物を発見したように、問題が起きたとき、肉体とは何か、この世界とは何かを理解することによって、解決法をもたらす目覚めに到達するのです。

私は神の中で生き、活動し、自分の存在をもっています。私は自分の父の中にいて、私の父は私の中にいます。もし無限の父が私の内部にいるなら、どうして私に限界がありうるでしょうか？　どうして限界のある有限な存在が、神自身の内部に無限の神をもつことができるでしょうか？　それゆえ、私は私を創造した父と同じくスピリチュアルであるはずです。

すべての存在はスピリチュアルであるはずで、このスピリチュアルな創造の中には、制限するものや、分離感覚を生み出すもの、限界のあるものは何も入ることができません。

この世界の苦しみは一つの物質的荷物を私たちが探し求めるせいです――それが正しい場所にあることを期待したりさえしますが、そのことが間違いなのです。それが見つかるべき唯一の場所以外、つまり、遍在の中以外、あなたや私や「彼」や「彼女」や「それ」の中に、そのための場所はありません――遍在の中には、人間の感覚にとっては不在に見えるものが存在しています。

曇りの日、太陽はないように見えますが、実際は単に私たちに見えないところに隠されているだけです。ちょうどそれと同じように、人間的信念という雲と高密度の人間的思考が、遍在しているものを私たちから一時的に隠しているのですが、実際それは**「私」**がいるところに存在しています。では、**「私」**がいるところに存在しているものとは、何でしょうか？　父がもっているすべてが遍在しています――高潔、忠誠、誠実、永遠性、不死、正義、自由、喜び、あらゆる名前と性質の調和があります――私たちがそれを**制限し、**時間と空間の中に占める一つの荷物として見ないかぎり。

私たちのメンタルなイメージ以外、何も時間と空間を占有していません。そして、メンタルなイメージが時間と空間を占有するのは、私たちが昨日、今日、明日を受け入れるからです。私たちが人生のメンタルな領域を超える瞬間、時間といったものは存在していないと認識することでしょう。神と触れ合ったことのある誰もが、自分がその経験の中にいた間、時間の意識がないことを発見しました。なぜなら、その触れ合いはほんの三〇秒しか続かないとしても、その三〇秒の間に数時間が過ぎ去ったにちがいない、とその人に確信させるほど充分なことが起こったからです。また別のときに触れ合いが起こったときは、一分が過ぎ去ったはずに見えても、時計を見ると、二、三時間が経過したことに気づくときもあります。

言い換えるなら、遍在の意識の中では時間や空間の気づきといったものは存在しないのです。私たちが考えたり推論したりしているとき、あるいは何かを人や物として眺めているとき、私たちはメンタルな意識状態にいます。私たちがマインドを超越するのは、スピリチュアルな領域においてのみです。

多くの人たちが様々なプロセスを通じてマインドを超越する方法を求めてきて、それらのプロセスはマインドを静めるものとして描写されてきました。しかし、そういった試みはスピリチュアルな意識の到達という結果にはならず、むしろ意識を鈍らせるという正反対の結果になることが多い、と彼らは気づきました。しかしながら、私たちが人生のメンタルな領域を超越できる方法があるのです。とはいえ、私たちはそこに永遠に留まることはできないでしょう。なぜなら、そうするためには、それに対して他の何よりも長年献身することが必要だからです。

しかし、私たちが世の中にいる間、少なくても世の中がもはや自分をそれほど混乱させたりしない、という程度にはマインドを超えることは可能です。

まず最初、自分の思考プロセスを止めようとしないことによって、それは可能になります。もしマインドが考えたいと思うなら、考えさせ、そしてもし必要なら、それが思考過程を経るのをすわって眺めてください。どんな思考が来ても、それらに私たちを害することはできません。それらには何のパワーもありませんし、その中に私たちが恐れるべきものは何もありません。もし私たちがそれらを恐れたり憎んだりするなら、それらを止めようとするかもしれませんし、反対にそれらを愛するなら、それらにしがみつこうとするかもしれません。しかし、私たちのマインドにやって来るどんな恐れも、憎んだり恐れたりしないようにしましょう。それらがどれほどよいものに見えても、どんな思考も愛したりしがみついたりしないようにしましょう。

私たちが観察者としてすわって眺める間、思考がただ来ては去るがままにします。私たちが眺めているのはスクリーン上で過ぎ去る影にすぎません。それらの中には何のパワーも、実体も法則も原因もなく、それらはただ影にすぎません。それらの中には非常に甘美なものもあり、私たちはそれにしがみつきたいと思うかもしれません。中には私たちを混乱させたり、恐れさせたりするものもあるかもしれませんが、それらは思考にすぎません――思考、ただそれにすぎません。それらは病気を証言するかもしれませんし、罪や事故を証言するかもしれませんが、それらがどれほど恐ろしいものであっても、私たちは不動ですわり、それらが来ては去るのを眺めます。

私が眺めるものに善も悪もありません。これらの物事は単にイメージで、パワーがありません。それらは何もすることができません。それらは何も証言することができません。たとえそれが善いものに見えても、それらはイメージにすぎないので、善いものではありません。

もし瞑想中にこの小さい実験を試みるなら、次のことがわかるでしょう――私たちが苦しむのは、これらのイメージと思考があまりに押し寄せて来て、私たちを非常に怯えさせるので、それらから逃げようとしたり、抹殺しようとしたりしたからです。それにもかかわらず、正しい観点でそれらを見ることができるなら、それらは無害で無力であり、ただの影にすぎません。

ときには確かに、それらは人間が作った理論や人間が作ったルールを表し、それには人間が作った罰が付随していることもあります。しかし、誰がそれらに権威を与えるのでしょうか？ ですから、それらを眺めるようにしましょう。あるとき、それは伝染と感染を証言し、またあるとき、それは偽の欲望を証言します。次は災害の予言で、欠乏の恐怖で、また別のときは、恐れへの恐れです。しかし、真実はと言えば、これらは悲劇的意味合いがあるゆえに、確かにひどい名前ですが、それでも名前にすぎません――アダムが自分では理解できない何かに与えた名前――思考上のイメージにすぎないのです。

名前を恐れるのをやめましょう。仮にそれがレントゲンの機械のイメージであっても、どうして私たちはそれを恐れるべきでしょうか？ それはまだイメージ、マインドのイメージによる映像にすぎません。私たちがマインドにもはやイメージをもたないとき、もはやその映像をもつことはできません。私たちはただ、マインドに止め置かれている映像を取り込むことができるだけです。もし私たちがマインドのイメージによる映像を見、聞き、味わい、触れ、嗅ぐことができるなら、それはマインドの活動、メンタルなイメージ、「肉体の武器」――無力なものです。それは神がけっして作らなかった偽の創造です。

私たちがこのことについて考えている間ずっと、私たちはまだメンタルな領域、真理を知っているというメンタルな領域にいますが、この練習を続けるにつれて、私たちはそれが実体も原因もない映像だということに気づき始めます。その状況がどれほど物質的なものに見えても、それがなくなった荷物が物質的でないのと同じくらい、それは物質的ではありません。それは物質的なものではなかったのです。それはメンタルなイメージでした。その目覚めが遍在を明示したのです。

ときにはそんな練習に従っているとき、人々は美しいイメージやヴィジョンを見がちです。そのとき彼らはまずそれらにしがみつこうとし、それからそれを未来のまた別のときに連れ戻したいという第二の間違いを犯します。これは非常に愚かしいことです。私たちはそれをけっしてすべきではありませんし、美しいヴィジョンにさえしがみつくべきではありません。なぜなら、それはイメージにすぎないからです。もしそれらが神のものであるなら、神は必要なだけ多くのものを私たちに与えてくれることができます。そして、もしそれが不快なイメージなら、私たちはそれを恐れないことを学ばなければなりません。なぜなら、それは外部化された現実としては存在を何ももっておらず、ただメンタルなイメージとして存在しているだけだからです。
最終的にはこれ以上何も言うことも考えることもできない場所へ行き、そのための最後のたった一つの言葉をもつだけです。

あなたが何であるように見えても、何であると主張しても、あなたの中には善の質も悪の質も何も内在していません。すべての質はこの宇宙それ自身の似姿とイメージで作った意識の中にあり、形や結果の中には何の善も悪もありません。

あなたの名前や性質が何であれ、もしあなたが時間と空間の中に存在しているなら、あなたはメンタルなイメージであり、無力なものです。私があなたを恐れる必要はありません。なぜなら、あなたは私のマインドの中にだけ存在していて、メンタルなイメージとしては、あなたにには形も虚空もありません。映画のスクリーン上の映像と同じように、あなたはあなた自身の中に何の善も悪ももっていないのです――あなたはただ実体のない影にすぎません。

私たちが完全な静寂と平和を達成するとき、マインドはもはや機能しなくなり、私たちはマインドを超え、神霊の環境の中に入ります。その中では私たちは神が授与するものを何であれ、受容し、それに対応します。私たちが執着しなくなるやいなや、つまり、私たちが思考から離れるやいなや――物事や人々への憎しみ、恐れ、あるいは愛情から離れるやいなや、物事や人々は私たちの前で、私たちにとって重要でないものとして、浮いているだけの存在となることが可能です。そのとき私たちはもはやマインドの領域にはいません。そのとき私たちは神である自分自身の魂に到達し、触れ、あるいは触れられ、私たちは神が話し、それを聞くことができる環境の中にいるのです。「神がその声を出されると地は溶ける」（詩篇46章6）とき、すべての問題が解消します。

第三部

法則から恩寵へ

10章 言われていたことは、あなたがたの聞いているところである

私たちの経験のどんな瞬間でも、私たちが九歳であれ、一〇歳であれ、九〇歳であれ違いはなく、父の家への帰還を始めることができます。しかし、すべての自分の人間的美点と欠点をもった、たえず善悪の間で揺れる昨日と同じ人間のままで、私たちがエデン的状態へ戻ることができると信じないようにしましょう。私たちの人間的欠点が私たちにエデンへの入場許可を与えてくれないように、私たちの人間的美点もそうしてはくれません。私たちを善悪の法則に縛りつけてきた創世記第2章のメンタルな創造を超えることによって、私たちは自分の人間的欠点と美点の両方を失い、キリストのマントを身につけなければならないのです。

「律法はモーセから与えられたが、恩寵と真理はイエス・キリストからやって来た」。モーセ以前の数百年間、ヘブライ人たちは奴隷状態で生きていて、教育、文化、宗教、科学において

進歩する機会はまったくありませんでした。そんな環境下だったので、彼らが立派な道徳心をもっていなかったことは、驚くべきことではありません。こういった人々に対して、モーセはより精神的な生活様式を提供し、それが十戒の土台でした。もしこれらの戒律が守られるなら、人は期待されうる立派な市民だと考えられ、さらにそれに加えて、もしその人が決められた食事のルールと他のいくつかの慣習に従うなら、彼は立派なヘブライ人という称号も得たのです。もし律法に従わなければ、それを破った人が予想できることは、ただ石を投げられるか、追放されるかということでした。この教えには愛の観念はほとんどありませんでした。それは厳密に道徳的で倫理的な教えだったのです。

しかしながら、それがどれほど道徳的で倫理的な意味で高いものであろうとも、それはスピリチュアルな意識に向かう途中の一歩にすぎません。人が十戒に絶対的に従って生きていても、その人はスピリチュアルな人生からまだはかりしれなく離れているかもしれないのです。なぜなら、真のスピリチュアルな生活とは、正反対の両極を超えた生活だからです。

イエスがやって来たとき、彼は、人生の否定的側面を肯定的に変えることを最優先にしない生き方を教えました。彼が教えたことは、否定的なものと肯定的なものの**両方を**超えて、スピリチュアルな領域に入ることでした。忘れてはならないのは、イエスは、組織化されたヘブライの教会の中のヘブライ人のラビ（ユダヤ教の指導者）としてその台座から話し、教える権威が与えられていたことです。また、忘れてはならないのは、彼が教えたことは「キリスト教」と呼ばれてはいなかったことです。当時キリスト教はありませんでした。さらに、彼はキリスト教徒たちに教えたわけではありませんでした。キリスト教徒はいなかったからです。イエスはヘブライ人のラビとして、ヘブライ人に教えていたのです。

しかし今、奇跡が起きます。この男イエスはある啓示を受け取り、それは彼にまったく新しい宗教的教え、何かを与えました。それは今までヘブライ人にはまったく知られていないものでした。今イエスは一つのパワーという教えで、旧約聖書のカルマの法則を超えるのです。彼がこの啓示を彼の時代の男女に教えるにつれて、そのおかげで彼らはすべての宗教的教義や教理から自由になりました。あまりに人々が自由になったので、教会はイエスや彼の教えに我慢できなくなったのです。彼らの一人だった者が、長く確立され大切にされてきた慣行に背を向けたとき、彼らは憎しみと恐れ以外の何を感じることができたでしょうか？　その慣行とは、寄付をする目的でエルサレムへ一年に一度巡礼しなければいけないことと、他の儀礼を順守することでした。こういった慣行にイエスがまさに背を背けたことは、彼らが非常に長い間信頼してきたことへの無言の批判と非難だったのです。

イエスは、スピリチュアルな幸福は、どんな形態の堅苦しい慣行を順守することとも何の関係もなく、個人的に成長した意識の状態と関係があるという真実を明らかにしました。彼は人生の新しい局面、より高い意識を教え、それは古い信念に対して**死ぬ**ことを要求しました。イエスは、古いビンに新しいワインを加えることができないことを明確にしました。つまり、この新しい摂理は古いヘブライ的生き方に単に付け加えられることはできず、その古いものは新しいものと交換されなければならない、ということです。なぜなら、その二つは矛盾しているからです。

山上の垂訓で、イエスはユダヤ教と、その当時はまだキリスト教としては知られておらず、ただ過激で独自の思考をするヘブライのラビの教えとして知られていた、彼の新しい教えの違いを要約しました。では、疑いもなく今までに知られた人で最高の光明を得、スピリチュアル的に最高に成長したこの男の教え、世界が彼の教えを中心に実質的にまわるほど光明を得ているこの男の教えとは、何なのでしょうか？

「**恩寵**」という言葉が、それが何であるかを啓示してくれます。律法はモーセによってもたらされましたが、「恩寵と真理はイエスによってもたらされた」のです。この恩寵と真理は、法則ということで意味されているのとは何かまったく違うものでした。そして、イエスが教えたあとの三百年間、「恩寵と真理」と呼ばれる何か新しいものを教え説教する人たちが出てきて、ローマやギリシャに至るまでの聖なる土地をあちこち旅しながら、ヘブライ人の信仰の中に確立された法則ではなく、その驚くべき新しいものを教えました。そして、それがしだいにキリスト教の教えとして知られるようになったのです。

彼の教えの最初の信者たちは、「ユダヤ人のキリスト教徒」と呼ばれていました。なぜなら、彼らはキリストの信者であったユダヤ人だったからです。実際、当時はヘブライ人だけがキリスト教徒になりました。しかし、しだいにパウロ（キリスト教初期の伝道者）とペテロ（キリスト十二使徒の一人）は、このキリストの教えは異なった種類のユダヤ教以上のものであることに気づいたのです。それはユニークで、何か別のもので、それ自身で独特のもので、キリスト教徒になるために、まずヘブライ人でなくてもよいことがしだいに理解されるようになりました――割礼（陰茎包皮を切り取るユダヤ教の風習）はもはや要求されませんでしたし、以前は尊重されていた多くの慣行も捨てられました。弟子たちは異教徒たちに教え始め、キリストのこの教えはその性質上普遍的であることに気づき始めたのです。ついにローマやギリシャのような異教徒でさえ、あるいは誰でもその背景にかかわらず、もしその人が望むならキリスト教徒になれるようになったのです。

ですから、数百年間にわたって、これがキリスト教の教えの状態となり、それから世界の歴史上、もっとも奇妙な出来事の一つが起こりました――教会が組織化され、その当時のエジプトや他の異教徒たちの儀式や儀礼が採用されました。それから、旧約聖書で教えられた具体的で文字通りのユダヤ教を受け入れ、その啓示者（イエス・キリスト）の名前以外はキリスト教の教えを全部捨て去り、それから自分たち自身を「キリスト教の教会」と呼んだのです。それがこのように組織化されたとき、このキリストの教えに何が起こったのでしょうか？　この教会は、「悪人に手向かうな」（マタイ5章39）というイエスの教えを実践したでしょうか？　それとも教会は、「『目には目を、歯には歯を』と言われていたことは、あなたがたの聞いているところである」（マタイ5章38）という、古い教えにしがみついたでしょうか？

真のキリスト教の実践は、自分の敵に復讐したいと思うアダム的人を、カルマ的意識状態から恩寵と真理の意識状態へ引き上げることです。そして、その恩寵と真理は、報酬と罰の神の代わりに愛の神を啓示するのです。

イエスが啓示した神は、旧約聖書の神とはまったく性質の違うものでした。カルマの法則を扱った山上の垂訓のその部分において、イエスは、罪は罪自身によって罰せられると教えましたが、それを罰する神と関連づけませんでした。私たちが他人にすることは、私たちに戻って来るということが明確に説明されています。しかし、それは神によってではなく、すべての人間がその元で生きている、**「人は自分のまいたものを、刈り取ることになる」**（ガラテヤ人への手紙6章7）のカルマの法則に従っています。私たちの愛の行為は愛に反映され、私たちに戻って来ますし、私たちの悪の行為はまさにその行為それ自身によって、悪い影響の中に反映され、私たちに戻ってきます。私たち自身の意識状態によって、私たちは善と悪を作動させるのです。「あなたがたの量るそのはかりで、自分にも量り与えられることだろう」（マタイ7章2）

私たちが憎むとき、その法則を呼び起こし、私たちが愛するときも、その法則を呼び起こします。私たちが与えたり分かち合ったりするとき、その法則を呼び起こします。同じように私たちが物事に執着するとき、法則を呼び起こします。

あらゆるところで、自然はこの法則の真理を証明しています。たとえば、木になった果実を摘み取るか、何らかの方法で木から取り除かないかぎり、木は実を結ばなくなるでしょう。私たちはそのことで神を責めることはできません――神は木を罰しているわけではないのです。木がもっと果実を生むためには、その果実を放棄しなければならないというのが、自然の法則です。ですから、私たちが生み出し、あるいは明け渡し、あるいは善きものを自分から解放しないかぎり、私たちは不毛になってしまいます。なぜなら、それが法則だからです。「人は自分のまいたものを、刈り取ることになる」。まくことと刈り取ることの法則は個人だけでなく、国家にも当てはまります。悪事の罰を避ける方法はありません。それは、それについて何かをする神がいるということではなく、一人ひとりの人が自分の行為によって、作動させているカルマの法則があるからです。

このすべてをマスターは山上の垂訓の中で明らかにし、その中で彼は、「……と言われていたことは、あなたがたの聞いているところである」と言っています。しかしマスターは、神が罰するとはけっして教えませんでした――十字架の上の泥棒にも、不倫をした女性にも、盲目で生まれた男性に対してさえも。常にそれは、「もう二度と罪を犯さないように」だけでした。私たちがどんな悪を経験しているにしろ、私たちはそれを自分自身でもたらしているのです

――私たちにそれを負わせたのは、神ではありません。

キリスト教が組織化されたとき、それは罰する神という旧約聖書の教えを採用しました。おそらくそういった教えが人々を恐れさせて、善き人にするだろうという、空しい希望をいだいたからです。しかしながら、実際はまさにその教えが悪を為すことへの抑止となるどころか、今日の世界で犯されている多くの罪のおそらくは原因なのです。悪事を為す人たちは、彼らに何かをする神はいないことをすぐに発見します。そして、彼らが自分たちのまわりで証拠を見ても、彼らが悪事を為したり、するべきことを怠ったりしたとき、それを罰する神がいることを彼らは納得しません。

悪事それ自身が彼らを罰する、ともし人々が教えられたなら、カルマの法則に対するイエスの解釈を理解し、それからその法則をどうやって克服するかという、彼のより高い教えを受け入れる準備ができることでしょう。カルマの法則を一掃し、私たちの以前の間違った行為へのすべての罰を一掃し、恩寵の元で生きることは可能です。しかし、マスターによって説明されたようなカルマの法則がまず学ばれ、理解されるまでは、このことは個人に、あるいは世界に起こることはできません。

行為それ自体がそれ自身の報酬と罰を持ち運ぶのです。それは明白な行為である必要はありません。なぜなら、その行為それ自身はその行為を駆り立てる思考の外側の表現にすぎないからです。それゆえ、カルマの法則の罰をもたらすのに盗む必要はありません。ただ盗むことを考えるだけでいいのです。実際はそれについて考えることさえ必要ではありません。単に他の誰かがもっている何かを欲しがるだけで、カルマの法則を作動させるに充分です。人を殴る必要はありません――単にその人に怒るだけで、私たちにその法則がふりかかるのに充分です。

より低い意識状態にいる人々は、スピリチュアルな道にいる人たちほど素早くカルマの法則の反撃を感じないものです。スピリチュアルな道にいない人たちは、法則の大きな違反に苦しみますが、スピリチュアルな道にいる人たちは小さい違反の結果にもっと苦しみます。なぜなら、彼らはスピリチュアル的に正しいことと間違っていることにより気づき、道からのほんの少しの逸脱もその法則を作動させるからです。

カルマの法則を脇によけるには、まず最初にカルマの法則が存在していること、そして私たちが考えたりおこなったりする行為は、私たちに跳ね返ってくることを認めることです。そうすれば、この理解のおかげで自分自身がどんな苦境にいても、それを誰かや何かの環境や状況のせいにしなくなります。私たちは自分だけが責任があるということを見始めるのです。どこかに神秘的な神がいて、私たちの間違いの勘定をつけているわけではありません。自分が自分にふりかかる善悪を作動させることを理解することによって、人生の物事を自分自身で決定しているのです。そのおかげで、他の人々を責めたり非難したりすることをやめ、次のことを理解できるようになります。つまり、自分自身の内部に何らかの変化が起きなければならないこと、そして私たちが不注意に無意識的に、あるいはときには意図的に悪を為すことをゆるす意識状態が変革されなければならない、と理解できるようになるのです。

すぐに私たちはパウロが発見したことを学びます——私たちの内部には二人の自分がいます。私たち一人ひとりが二重の人であり、一人は神の法則の下にいない人であり、もう一人は自分の内部に神霊を住まわせている神の子です。「わたしの欲している善はしないで、欲していない悪は、これを行っている」（ローマ人への手紙7章19）。二人の自分がいて、一人がもう一人と戦っているのです——正しいことを知る人とそれに対抗する人、完全な人になりたいと思う人と、あれやこれやの制限のせいでそれを達成できない人。

自分の中に神の子がいて、同時に放蕩息子もまだ生き延びるために奮闘していることを理解する場所へ、私たちが来るとき、私たちは肉体と神霊の間の戦争を理解するようになります。放蕩男ないしアダム的男は世の中へ出て、自分の資力を使い果たし、ついには豚と一緒に食べることによって象徴される堕落の深みへと沈みこむわけです（ルカ15章参照）。しかし実は、彼はのちに紫の衣服と宝石で飾られた王冠を身につけることになる息子で、相続人に他なりませんでした。彼らは二人の違う人たちではなく、二つの意識状態にあるまったく同じ人なのです。

私たちが人、物、状況の中には、つまり、結果や見かけの中には何の善も悪もないという原理を受け入れ始めるやいなや、その瞬間、内なる明け渡しが始まり、それは私たちを恩寵による人生へと導きます。なぜなら、私たちはもはや誰とも何とも対立もしていなければ、反目もしていないからです。何らかの方法で受容する方法が常にあり、どうやって受容するかの選択は私たちにあります。

人生の目標は、私たちの本当の自己への意識的気づきに到達することです。それは神秘的文献の中で描写されているように、神との意識的融合です。その中では小さい自己は消え、純粋な自己が私たちの永遠で永劫のアイデンティティとして、無傷のまま残るのです。

私たち一人ひとりの中に神の王国があります。この地上で戦わず、憎まず、嫉《ねた》まずに生きる能力が、私たち一人ひとりの中にあります。しかし、このことを私たちは人間としておこなうことはできません。ですから、私たちは友人たちに、これはまったく非実際的生き方、確かに美しいけれど、まったく役立たない生き方だと言われてしまうのです。

イエスの「（しかし）わたしは言っておく」の山上の垂訓が可能になるのは、人々がお互いに頼ることや人間的手段や方法によってではなく、「神の口から出る一つ一つの言で生きるものである」（マタイ4章4）によって生きていることを、理解するようになるときだけです。あなたが自分の内部の聖なる能力と触れ合い、肉体とマインドよりも魂を通じて生きていないかぎり、山上の垂訓は人間として到達することは不可能な生き方です。私たちが自分の隣人を自分と同じように愛し、特に神を愛するという責任をまず引き受け、本当に謙虚になって、私たちは自分自身では何もできない、善人にさえなることができないと認めるにつれて（なぜなら、たった一つの善きもの、神しか存在しませんし、何も善でも悪でもないからです）、そのとき私たちは神秘的道、神との意識的交感の道にいるのです。

山上の垂訓は今まで世界に与えられた最大のメッセージですが、その中では二つの正反対の対照的な生き方が紹介されています。一つは、**「言われていたことは、あなたがたの聞いているところである」**という、現在でも世界がそう生きている古い生き方であり、もう一つは、**「わたしは言っておく」**という聖なる恩寵による新しい生き方の摂理です。

「わたしは言っておく」は、神が創造し維持し支援する原理であることとの完全なる確信です。それは神秘的生き方で、その中では私たちは俳優でも行為者でも、存在する者でもありません。その中には超越的存在とパワーがあり、マスターはそれを「内なる父」と呼びました。

私たちが創世記の第2章のマインド創造の中にいるかぎり、私たちは法則の下で、「言われていたことは、あなたがたの聞いているところである」、あるいは放蕩息子としての経験の中で生きているのです。私たちが自分の純粋な存在の原初の状態に戻るとき、もはやカルマの法則の下ではなく、恩寵の元、「わたしは言っておく」の山上の垂訓の元で生きるのです。

11章　わたしはあなたがたに言っておく

わたしは言っておく。あなたがたの義が律法学者やパリサイ人の義にまさっていなければ、決して天国に、入ることはできない。（マタイ5章20）

山上の垂訓で、マスターは旧約聖書の教え、「あなたがたの聞いているところである」的古い生き方と、この世界に所属していない「私の王国」の新しい教えとの違いを明確に区別しました。新しい教えは単に人間的に善人であることとも、二つのパワーの基準で生きることとも違う何かです。それは古いヘブライ的教えからの完全な離脱です。これは完全に新しい基準であり、善悪を認めないのです。

私たちは自分がどれだけ「私の王国」に近いのかを、自分が善と悪にまだどの程度反応するのか観察することによって、知ることができます。私たちは善にどれほど喜んで反応し、悪にどれほど動揺するでしょうか？　人間的善にも人間的悪にも、私たちはどの程度無関心でしょうか？

スピリチュアルな王国があり、その中に居住することによって、私たちは人生の善き物事に対してさえ完全に無関心になることでしょう。スピリチュアルな道の旅の最初だけ、究極の目的は自分の人間的経験の改善である、自分の収入を増やすことは善い実証である、と信じます。また私たちは、自分の心臓、肝臓、肺を人間的基準にしたがってより完全に機能させることは、スピリチュアルな実証を表し、スピリチュアルな道における進歩の印であると信じます。

私たちが求めるべき本当の実証は、それがどれほど望ましいことであれ、単に収入が増えるとか健康が改善するとかということではなく、むしろ再誕生、「私の王国はこの世界のものではない」という意識状態に入る、ということであるべきです。

もし私たちが単に人間的に幸福で健康で金持ちでありたいと思うなら、名前だけのキリスト教徒に留まっているべきです。なぜなら、イエス・キリストの教えに従おうとすることは、途方もない犠牲と厳格で規律ある生き方を必要とするからです。確かに想像できないほどの言葉にできない内なる喜びと平和がありますが、「自己」と呼ばれるあの小さい悪魔と、長い間の魂を揺るがす戦いがあることでしょう――それは個人的感覚の「私」、「自分」、「自分のもの」との戦いです。

私たちの現在の人生の状況は、かなりの程度私たちの責任です。その責任の意味とは、必ずしも私たちが意図的、あるいは無意識的に犯した間違いや違反や罪というより、むしろ私たちが生命と生命の原理に無知であるため、そのせいで私たちが簡単に世間の信念の犠牲者になるという意味です。もし私たちが子供の頃から正しく教えられ、スピリチュアルな法則の知識を所有していたなら、不和と争いの多くの経験を避けることができたでしょう。確かに私たちの多くの問題は、私たちが生命に無知であることが原因でしたし、私たちの恵まれた運命の一部さえ、世間が偶然や幸運な環境と見なしているものを通じてやって来たのかもしれません。

強い個性をもった精力的なやり手になって、自分が欲しいものを知り、それを追い求め、達成することが望ましく、重要であるという考えが、非常に幼い頃から私たちに強調されてきました。その一方で、まさにこういった性質が私たちの問題の原因の一部かもしれないのです。なぜなら、こういった獲得的性格の習性を通じて、私たちは疑いもなくスピリチュアルな法則に違反してきたからです。そのとき、自分が川に投げ入れたパンが集められただけでなく、私たちがずる賢く、無法であれば、その程度に応じて策略し、他人に所属しているものを獲得することもよくありました。ですから、スピリチュアルな法則の違反が私たちに必然的に跳ね返ったのです。同様に、私たちがマインドの中で、あるいは物理的に誰かを押しのけたり、他の誰かに正当に所属するものを奪ったりしようとすれば、それだけ私たちはまたスピリチュアルな法則を犯したのです。

私たちが法的にも正当なもののために奮闘したときでさえ、ときにはそれがまさに私たちを破滅させることもあります。なぜなら、マスターの教えに従えば、私たちは無限であり、自分の内部に父がもっているすべてをもっているので、その無限につけ加えようとすることは、それ自身が神の法則の違反になるからです。スピリチュアルな神の法則と調和して、それに従って生きるためには、まず父がもっているすべて――生命のパンと霊感のワイン――は、自分の内部で実現している、つまり、神の全王国は自分の内部に確立されているという理解から始めなければなりません。そのとき、獲得すること、得ること、達成することという考えで人生を生きる代わりに、私たちはそれを逆にして、奉仕し、与え、授け、分かち合い、協力するという態度になることでしょう。そして、私たちの喜びは、分かち合い、協力することにあるという自信と確信をもって、自分の内部から生きることでしょう。その意識状態では、人間次元での私たちの善は、私たちが与え、分かち合うという行為の反映となることでしょう。

獲得すべきあるいは勝ち取るべき何かや誰か――何かの高名、名声、幸運――があると私たちが信じるたびに、その瞬間、与えるというスピリチュアルな人生の原理にまさに私たちは違反するのです。神霊が肉体化した神の子孫として、神であるすべてが私たちであり、父がもっているすべてが私たちのものなのです。それ以外のことを信じるのは、一つであるというその関係を破ることであり、それはあの放蕩息子がしたことと同じことです。彼がもっているものは、元々は父から与えられたものであるにもかかわらず、自分自身のものだと考え、信じ、奔放な生活を送り、自分の資力を無駄に使い果たしてしまいました。

私たちに関しても同じことが言えます。神は私たちの知恵で、供給で、私のあれもこれも神である、と私たちが理解し始めているにもかかわらず、それから自分の源泉を忘れ続け、代わりにそれがまるで自分自身のものであるかのように主張するのです。そして、私たちがすることがしばしばその供給を枯渇させ、消耗させる結果となります。なぜなら、何かを自分自身のものだと主張することによって、私たちは自分自身をその源泉から切り離し、そういった分離の結果が制限なのです。

源泉としての神を理解するとき、私たちが使っているもの――活力、時間、知恵、実体、生命力――は、何もありません。なぜなら、そもそもそれは私のものではないからです。私たちが無限の源泉からそれらを求めるとき、私たちを通じてすべてが流れるのです。限界のある供給を信じることは、ある特定の瞬間に水道管の中にある水量によって、地域の水の供給を量ることと非常に似ています。しかし、その近くには貯水池があり、その貯水池はけっして涸れることのない雨や雪の源泉によって、たえず満たされています。

私たち自身が何かであり、私たちの人生の活力は、一般的に受け入れられている寿命を基準として決定されうるという無知な信念のせいで、私たちは自分が使っているのは、自分自身の知性、知恵、力、活力であることを確信しています。マスターは私たちと神との関係について非常に多くの教訓を与え、私たちはそれらの教訓を最初から教わったのではないでしょうか？つまりその教訓とは、生きているのは、私たちの力ではなく神の生命力であること、無限であるのは、私たちの理解や供給ではなく、神のものであること、そして神は、自分自身に栄光を与えるために私たちを通じて自分の生命力を注ぎ、私たちはその道具であること、です。私たちが大昔に理解すべきだったことは、「苦しみながら歳を取る人間としてではなく、神のイメージと似姿として生きることが私たちの機能であり、そのとき私たちは日々の知恵、力、供給を神から引き出している」ということでした。

仮に私たちが一五〇歳まで生きて、すべての能力、精神力、知性、力、健康を完全にもって、五〇歳のように見えたとしても、それは私やあなたの手柄ではありません。それは、神が私とあなたという手段を使って自分自身の栄光を称えているのです。それはちょうど、神が太陽、月、星々を通じて自分自身の栄光を称えているのと同じことです。「もろもろの天は神の栄光をあらわし、大空はみ手のわざをしめす」（詩篇19章1）。私たちは星々が美しいことで、太陽が明るく暖かいことで、月が光を出していることで、それらを誉めたり手柄を与えたりはしません。もし私たちが何かに栄光を与えるとするならば、そんなやり方で自分自身を表現している神に栄光を与えるべきです。ですから、私たちがスピリチュアルな調和という点で何を現していても、それを自分の手柄だと主張しないようにしましょう。ただ私たちを通じて神がそれ自身の作品を現し、神が私たちの形態、知恵、恩寵として自分自身の栄光を称えていることを理解しましょう。

山上の垂訓は二つの生き方の違いを明確に指摘しています――「あなたがたの聞いているところである」的な、生存のために、獲得し、達成し、奮闘するという生き方、そして「わたしは言っておく」的な、赦し、与え、**「私」**の平和の中で休む方法。

昔の人々に「殺すな。殺す者は裁判を受けねばならない」と言われていたことは、あなたがたの聞いているところである。しかし、わたしはあなたがたに言う。兄弟に対して怒る者は、だれでも裁判を受けねばならない。（マタイ5章21－22）

「殺すな」という命令に従うことは、「あなたがたの聞いているところである」的古い生き方の正義を所有することです。そういった正義は法則に忠実な律法学者やパリサイ人（ユダヤ教の戒律を厳格に守るユダヤ教の一派）の正義です。そういった正義は今日の多くの「宗教的」人々の正義です。というのは、彼らもまた「汝、殺すなかれ」と教えるからです――あらゆる宗派がそう教えます。しかし、スピリチュアルな道にいるこれらの人々の正義は、超越されなければならないのです。それは兄弟に怒ることを超え、復讐を超えなければならないのです。

「目には目を、歯には歯を」と言われていたことは、あなたがたの聞いているところである。（マタイ5章38）

もし私たちの正義感が、自分たちに対して犯された悪へ復讐したいという類いのものなら、それは律法学者やパリサイ人の正義と似たようなものです。つまり、今日の世界の狂信家たちの一部と似ているということです。しかし、「わたし（私）はあなたがたに言う」を聞いてください――この場合、**「私」**とはキリストのことです。

悪人に手向かうな……
あなたを訴えて、下着を取ろうとする者には、上着をも与えなさい。（マタイ5章39－40）

これはイエスの当時の人々が「厳しい言葉」と呼んだマスターの言葉の一つであり、今日では非実用的と考えられている言葉です。もし人々が訴えられたなら、彼らは訴え返して応酬します。もし彼らが不当に扱われれば、自分の権利を確立するためにどんなことでもやります。そういったものは律法学者とパリサイ人の正義です。しかし、キリストは私たちに、そういった手段に訴えてはいけないと言います。もし私たちの所有物が私たちから取り去られたり、それを取り去る試みが為されたりしても、その損失をいさぎよく受け入れるべきです。もし私たちが傷つけられても、賠償を求めてはいけません。それは厳しい言葉ですが、それにもかかわらず、私たちは静観しなければならない、とキリストは言います。

「隣り人を愛し、敵を憎め」と言われていたことは、あなたがたの聞いているところである。しかし、わたしはあなたがたに言う。敵を愛し、迫害する者のために祈れ。（マタイ5章43―44）

私たち自身の内部のこの**「私」**――二千年前の一人の男ではなく――この**「私」**が私たちに「あなたの敵を愛せよ。あなたを呪う者たちを祝福せよ」と言っているのです。もし私たちが名前だけのキリスト教徒なら、これらの「厳しい言葉」に従っていると主張することでしょう。しかし、私たちがキリスト教を実践しているなら、これらの教えに口先だけの同意を与えることはできません。私たちは毎日立ち上がって、それを実践しなければならないのです。

また祈る時には、偽善者たちのようにするな。彼らは人に見せようとして、会堂や大通りのつじに立って祈ることを好む。よく言っておくが、彼らはその報いを受けてしまっている。

（マタイ6章5）

イエスは人間の性質を見通すことができました。この声明の中で、他の人たちに見られるためだけに教会に集まる人たちの口実を、彼は根こそぎはぎ取るのです。それからイエスは、肯定的言葉に訴え、頼る人たちをもまた批判しています。

また、祈る場合、異邦人のように、くどくどと祈るな。彼らは言葉かずが多ければ、聞きいれられるものと思っている。（マタイ6章7）

マスターはあらゆることに答えをもっていました。神が私たちの魂で、呼吸よりも手足よりも私たちに近いことを、彼は知っていました。私たちの魂は私たちの内部で進行しているどんなことも知っていることを、彼は知っていました。それゆえ、私たちが自分の横に立っている人を騙すことはできても、自分の内部に立っている魂を騙すことができないのは確かなことです。

もしも、あなたがたが、人々のあやまちをゆるすならば、あなたがたの天の父も、あなたが

たをゆるして下さるであろう。もし人をゆるさないならば、あなたがたの父も、あなたがたのあやまちをゆるして下さらないであろう。（マタイ6章14－15）

人間的に生きることは、ある場合は赦し、別の場合は赦しを差し控えることです。つまり、それは人間的やり方で判断し、批判し、非難し、生き、その中で私たちは、「彼が何をしたか、見なさい。彼はそれに値する」と言って、自分が正当化されるように感じるかもしれません。しかしながらイエスは、誰が考えることもすることも、その人がどんな人かも認めないスピリチュアルな生き方を明らかにしました。彼はただ「赦しなさい」と言っただけです。

断食をする時には、偽善者がするように、陰気な顔つきをするな。彼らは断食をしていることを人に見せようとして、自分の顔を見苦しくするのである。（マタイ6章16）

ここでは、善人でありたいと思うだけでなく、また自分の善性を他人にも知ってもらいたいと思う人間的願望があります。

あなたがたは断食をする時には、自分の頭に油を塗り、顔を洗いなさい。それは断食をして

いることが人に知れないで、隠れた所においでになるあなたの父に知られるためである。（マタイ6章17－18）

ここでイエスは全人間的風景をひっくり返します。もし私たちが彼の教えに従うならば、自分の善を広告もしませんし、自分の善を主張もしません。私たちはただ最高の正義の感覚に従って生きるだけです。

あなたがたは自分のために、虫が食い、さびがつき、また、盗人らが押し入って盗み出すような地上に、宝をたくわえてはならない。むしろ自分のため、虫も食わず、さびもつかず、また、盗人らが押し入って盗み出すこともない天に、宝をたくわえなさい。あなたの宝のある所には、心もあるからである。（マタイ6章19－21）

宝を蓄えることは人間的に人生を生きることです。もちろん、実際的な人々は私たちに、起こりうる未来の大変な日々のために蓄えることの重要性を思い起こさせます。そして、もし私たちが自分の財産や資産を散財したり浪費したりしたなら、そんなに放蕩しなければよかったと後悔する日が来るかもしれないことを否定できません。しかしながら、私たちの本当の宝は自分が蓄えたスピリチュアルな知恵です。

だれも、ふたりの主人に兼ね仕えることはできない。一方を憎んで他方を愛し、あるいは、一方に親しんで他方をうとんじるからである。あなたがたは、神と富とに兼ね仕えることはできない。（マタイ6章24）

私たちは人間的基準の生き方に従って生きながら、同時にスピリチュアルな生活の果実を刈り取ることはできません。私たちは「目には目を歯には歯を」の哲学に従って生きたり、虫が食い、錆で腐食するところに蓄えられた宝に頼ったりすることはできないのです。私たちは人間的規範に従って生き、同時にスピリチュアルな光、スピリチュアルなパン、スピリチュアルなワイン、スピリチュアルな水を求めて神に祈ることはできません。

それだから、あなたがたに言っておく。何を食べようか、何を飲もうかと、自分の命のことで思いわずらい、何を着ようかと自分のからだのことで思いわずらうな。（マタイ6章25）

これらのものはみな、異邦人が切に求めているものである。（マタイ6章32）

イエスの時代は、異教徒とは多神教徒のことでした。彼らは肉体に従って生きる者たちであり、現代のほとんどの私たちと同じことをする者たちでした——自分が何を食べ、何を着て、何を飲むかを心配する——非常に心配するのです。しかしイエスは私たちに、本当のキリスト教徒の人生は目に見えない無限に頼ることだと思い起こさせます。つまりそれは、次のことを理解しながら生きる人生です——私たちの内部の魂が私たちのパンとワインと水であり、私たちの知性と肉体の力であり、そして内部の魂こそ、私たちが健全で実り多い生活を送ることができるために、肉体をたえず更新し、若々しく健康にしてくれるという理解。

心配しない人生は人間的には賢明なことではありません。しかし、自分が永遠の生命の内なる水から養われていることに気づくにつれて、私たちの人生は内なる魂の能力によって支援され、維持されるのです。スピリチュアルな基準によって生きることで、私たちはキリスト教の用語で「恩寵の人生」と呼ばれているものを生きるのです。私たちが魂と呼んでいるものの内部に私たちの生命の実体があり、私たちは銀行口座のようにそこから引き出すことができます。しかし、銀行口座とは違いがあります。銀行口座の場合、私たちが銀行に預けた金額に限定されていますが、スピリチュアルな人生の生き方の場合、私たちはただ神がもっているものだけに限定されています。私たちは力や知恵、自分の仕事のスキルのために、また車を運転したり、ビジネスや家庭を営んだりするときでさえ、自分の魂に頼ることができます。

スピリチュアルな能力が発展するとき、達成できることに限界はありません。なぜなら、それを達成するのは私たちではないからです。これらの物事を為すのは神であり、この世界に目に見えない状態で出て行き、私たちの経験に必要なあらゆるものとあらゆる人を私たちに引き寄せてくれるのは、神なのです。そして私たちは、自分がいるべき場所に適切な時にいて、自分がもつべきものを受け取る場所へ、自分が引き寄せられることに気づきます。

パウロはそれを「キリストによる生き方」と呼び、それはキリストに私たちの人生を生きてもらい、キリストにすべてのことをしてもらうのです――肉体の力を通じてでも、銀行口座を通じてでもなく、復讐によるのでもなく、私たちを強化してくれるキリストによって生きるのです。キリストによって生きることは、肉体の力、人間的推論、物質的資源に頼る個人的生き方を放棄することを要求します。

山上の垂訓の中で、二つのまったく異なる生き方が示され、それら二つにはまったく共通点がありません。一つは、「あなたがたの聞いているところである的生き方」で、それは律法学者やパリサイ人の正義感によって例示され、今日の世界中の大多数の人間の生き方です。それはまた、今日の地上のほとんどすべての宗教的教えの生き方でもあります。例外は神秘的教えですが、それらはめったに人間の意識に届きません。なぜなら、ほとんどの人は人間の通常の生き方から、それほど根本的に離れる生き方を求めていないからです。それゆえ、「わたしはあなたがたに言っておく」的生き方については、神秘的道に従う人たちの間以外、ほとんど、いやもっと正確に言えば、何も知られていないのです。

山上の垂訓と四つのすべての福音書の中でのマスターの偉大の教えは、弱さ、ご都合主義、妥協の教えではありません。それはまた、盲目的に従順に世界が私たちにしたいことを勝手にさせる教えでも、世界が私たちに与えたがっている無情な扱いを、受動的に受け取る教えでもないのです。むしろそれは、内なる父が私たちの利益の世話をしてくれるという理解の中で、私たちが悪に抵抗しないという教えです。

物質性に熱中し、専制的な暴君である推論的マインドに取り込まれ、支配されている人は、この生き方は疑いもなく、完全に不可能なほど非実用的だと判断し、非難することでしょう。

それは実際、最初は非実用的に見えますが、一瞬立ち止まって、なぜ私たちが精神的肉体的に、あるいは祈りによって戦うことで、自分を守らなければならないと感じるのか見てみましょう。そのすべてが、この世界には二つのパワーがあるという間違った前提にもとづいているのではありませんか？　もしたった一つのパワー、神しかなければ、奮闘したり、戦ったりするべき何かがあるでしょうか？　もし私たちが、自分が見たり聞いたりすることによって判断するなら、二つのパワーがあることは確かです。

しかし、私たちの判断は何にもとづいているのでしょうか？　私たちはただ見かけによって判断しているのではないでしょうか？　私たちは目の前の証拠によって判断しているのではないでしょうか？　マスターは私たちに見かけによって判断するのではなく、正しい判断をするように警告します。もし私たちが正しく判断すれば、つまりその意味とは、自分が見たり聞いたりすることによって証言するのではなく、内部からスピリチュアル的に展開するものによって証言するならば、すぐにこの教えの奇跡と神秘を発見することでしょう――二つのパワーではなく、たった一つのパワーしかありません。

山上の垂訓の中で、私たちは自分が今まで生きてきたような人間的生き方を示されました。

しかしまた、存在する中で一番実用的で達成可能な生き方である、スピリチュアルな生活の一瞥も、私たちには与えられました。なぜそれが一番実用的生き方であるのかと言えば、それがスピリチュアルな原理によって生きられる人生だからです――無限で永遠で、普遍的で遍在し、全知全能。

私たちの人生のある時期に、イエスが「内なる父」と呼んだその存在を、実際に実証的に私たちは経験するようにならなければいけません。私たちは個人的にこの存在を経験しなければならないだけでなく、あらゆる可能なやり方で、世界の一部がそれを経験することに貢献しなければならないのです。

国家間に新しい理解へのかすかなうねりがあります。それほど遠くない昔、国際的紛争を解決する唯一の方法は戦争でした。少数の場合は会議が試みられましたが、たいてい失敗しました。なぜなら、人間のマインドの中で、もし話し合いに効果がないとわかったら、軍隊を呼び出す可能性が常にあったからです。しかし今日、核兵器の時代にあって、国家は何に訴えることができるでしょうか？　文明は核戦争をけっして生き延びることができない、とあらゆる人が理解しているので、責任ある地位にある人々は世界の緊張に対して何か別の解決法を求めています。彼らの中には、もし同盟国が暴力に訴え、会議を放棄するなら、その同盟国を常に批判する立場に立つ者たちさえいます。どこかの国家の武力使用がどれほど正当に見えても、世界は武力の使用をゆるさなくなりつつあります。もちろん一時的には、国家は物理的力を使わないせいで負けることもあります。それは山上の垂訓で提唱された生き方に向かう最初のよちよち歩きのステップなのです。

かなり昔、まだ「無限の道」が考え出される前のことですが、すべての人間の問題への解決は、仕返しせず、間違いと戦わずに、唯一のパワーに留まっている能力によっている、と私は理解しました。いったん私たちがこれをすることができれば、山上の垂訓を実践し、スピリチュアルな人生を生きているのです。なぜなら、そのときもはや悪い健康を取り除く必要がないのと同様に、善い健康を求める必要もないからです。欠乏から逃げる必要もなければ、供給を求める必要もないのです。私たちは人間的存在の中ではなく、聖なる存在の中で静寂にしています。

人間は多くの物事を必要とします。人間は癒されなければなりませんし、供給されなければなりません――彼は自分の運命を改善しなければなりません。しかし、神の子はそうではありません。神の子は内なる父によって支援されています。私たちが憎しみと愛を超えて、正しい人たちのためだけでなく、不正な人たちのためにも、平等に誠実に祈る地点に上昇するとき、そのとき正反対の両極を超えたのです。そのとき私たちは、「わたしはあなたがたに言っておく」という山上の垂訓の意識に近づいています。

これが山上の垂訓の秘密です。それは私たちを健康と不健康、供給と供給の欠如の両方から引き離し、創世記の第1章の世界の中へ連れて行きます。そこでは私たちは健康も健康でないことも、供給も供給がないこともまったく判断せず、ただ自分がその神霊の中に立っているのかどうかだけを判断します。言い換えるなら、私たちは創世記の第1章へ戻るのです。

12章　悪に抵抗するな

スピリチュアルな生活を生きることは、人間的意味での人生を超えて生きることであり、人間的手段や方法に頼らずに生きること、つまり、キリストによって生きることです。それは悪に対してけっして悪を返さないこと、人が犯した罪に対して、たとえ私たちに対する罪であっても、その人が苦しむことをけっして祈ったり、望んだり、願ったりしないこと、自分の損失を取り戻したいとけっして望まないことを意味しています。そういったことは人間的生き方であり、私たちの法律的法則の下にあります。しかし、それが法律的であってもそうでなくても、これはキリストのやり方ではありません。確かにもし誰かがあなたを騙したら、その人を訴えるのは合法的で適切だと考えられますが、そういった手続きはスピリチュアルなものではありません。

あなたを訴えて下着を取ろうとする者には、上着をも与えなさい。（マタイ5章40）

もし誰かが私たちに次のように忠告したとします。「私はあなたに言います。あなたは訴訟をやめなければなりません。もし誰かがあなたの所有物を取りたいと思うなら、その人にそれを与えなさい。もしその人があなたの家を欲しがるなら、それを与えなさい。もしあなたの車を取りたいと思うなら、それを与えなさい。もしその人があなたの家の中にやって来て、あなたの宝石を取りたいと決心するなら、それも与え、それからあたりを見まわして、その人がすでに取ったものに加えて、他に何か与えることができるものがあるかどうか見てください」と。そういった忠告はまったく理性に反するように思えることでしょう。

しかしこれが、イエスがマタイ伝の5章で私たちにおこなうように言っていることです。この瞬間、私たちはイエスが正しかったのか、間違っていたのか知ることはできません。私たちはまさにこの命令に従うことで、二倍の利益を得るのかどうか知ることはできません。なぜなら、私たちのほとんどが「悪に抵抗するな」という生き方を試したことがないからです。さらに言えば、私たちがその意識状態に到達する前にそれを試みるのは、おそらく非常に愚かなことでしょう。

最初、イエスのその言葉を考えるとき、そういった教えは次のことを意味しているように見えるかもしれません。つまり、ありとあらゆる人が私たちを踏みつけにし、騙し、私たちから所有物すべてを取ることをゆるしながら、その間私たちは、自分が踏みつけられるままになっている、親切でやさしい人であれと。しかし、イエス・キリストが言わんとしたことは、けっしてそういうことではなかったのです。彼が言わんとしたことは、私たちは人間的に報復するべきではないということでしたが、彼は自分のアドバイスに従うなら、何がスピリチュアル的に起こるかは言いませんでした。私たちが自分自身のためにおこなうことをやめるとき、神が私たちに何をしてくださるのかについて一言も語っていません。彼は、「目には目を歯には歯を」（ハムラビ法典の言葉）の法則を喚起することなく、問題がいかに解決されるかについて説明しません。しかしながら、その意味とは、スピリチュアルな存在が私たちを救済に来て、不正と不正直を超えたところへ引き上げてくれる、というものです。もし私たちが神の子として自分のスピリチュアルなアイデンティティの基盤の上に立っているなら、誰かが私たちを騙すことは可能でしょうか？

兵士たちが庭にいるマスターを捕まえにやって来たとき、彼を守るために刀が抜かれましたが、マスターは弟子たちが彼を防衛することをゆるさず、「あなたの剣をもとの所におさめなさい。剣をとる者はみな、剣で滅びる」（マタイ26章52）と言いました。物質的感覚にとっては、それはまるで自分を連れ去り、自分に何でも**好き勝手なことをする自由**を、イエスが彼らに与えているかのように見えることでしょう。しかし、彼はまったくそういうことをしていたのではないのです。代わりに彼は次のことを理解していました。「私は自分が頼ることができる目に見えない無限をもっている。私は、自分が知るより前に私の必要を知っている、聖なる何かをもっている。私に王国を与えるのは神の大いなる喜びである」。その完全なる信頼の中で彼は休息していました。

「悪（人）に逆らうな」は、人間の教えの中でもっとも愚かで非実用的に聞こえますが、それにもかかわらず、それはスピリチュアルな原理の中でもっとも賢明でもっとも実用的なのです。自分の敵がこの世の武器――槍、ナイフ、銃、あるいは訴訟――をもって、自分に迫って来ることをゆるせる意識状態に到達した人は、何の抵抗もなく、完全なる自信をもって立つことができます。そういう人は、ダヴィデ（古代イスラエルの王）がゴリアテ（旧約聖書の中で、ダヴィデに殺された人）と戦ったとき負けなかったように、あるいは敵よりもはるかに人数が少なかったヘブライ人が負けなかったように、けっして戦いに負けることはないでしょう。

私たちが悪に抵抗しているかぎり、恩寵の元ではなく法則の下で生きています。ですから、私たちが他人に投げつけたまさにそのナイフがブーメランのようにまわり戻って来て、まったく気づかないまま、突然に私たちの胸に突き刺さることでしょう。私たちが人間的生き方に耽溺しているかぎり、恩寵が私たちに降り注ぐことは不可能です。私たちは何百万年もの間、恩寵を求めて祈ることができます。しかし、私たちがこの世の武器を使うことをやめて、「彼は地を何もない所に掛けられる」（ヨブ記26章7）というヨブの理解に到達するまでは、恩寵は私たちにやって来ないことでしょう。そのとき、もし私たちがその何もなさに喜んで頼るならば、神霊が急いで私たちを引き上げ、前方へ運んでくれ、私たちに必要な形態として現れるのです。

マスターは、「人は自分のまいたものを、刈り取ることになる」（ガラテヤ人への手紙6章7）という基本的カルマの法則を明示しました。しかし、彼はまた原因と結果の法則を超える唯一確実な方法も明らかにし、それは原因を作動させないことです――何もせず、何も考えず、**自分自身を空っぽにしておく**ということです。たとえば、私たちがマインドに何らかの対象物や目的をもって祈るならば、自分が作動させた原因に従って結果を生み出すことでしょう。しかし、何の対象物ももたずに、私たちがただ神の存在に目覚めるために祈るなら、原因を作動させないので、何の結果もないことでしょう。そのとき、私たちの実存の調和として、ただ神それ自身が現れることでしょう。

ですから、私たちが自分自身のために防衛の武器を取り上げないなら、その武器によって傷つけられることはないのです。もし私たちが人間的基準に従って賞罰をおこなわないならば、そのときには人間的不正が私たちのところへ戻って来ることはできません。私たちが束縛することが何であれ、私たちを束縛することになるのです。私たちが解き放すことは何であれ、それから私たちは解放されるのです。私たちがそれを決める者です。私たちがこの世の思考と物事を手放し、神を正しく知りたいという継続的願望の中で生き、その他の懸念をすべて脇によければ、そのとき、神が現実化し、神は完全な人生として私たちの経験の中に現れます。

私たちが見たり聞いたり、味わったり触ったり、嗅いだりするあらゆるものは、結果として存在しています。しかし、結果の中には善も悪もないことを認識する瞬間、私たちは結果へのありとあらゆる恐れを失うのです。私たちはコップ一杯の純粋な水を恐れないように、善のパワーも悪のパワーももたない何かを恐れることはできません。私たちはコップ一杯の純粋な水を恐れないだけでなく、それを愛することもできません。私たちはそれを楽しみ、それから利益を得るかもしれませんが、コップ一杯の純粋な水に恋したり、それを憎んだり恐れたりする人は誰もいません。私たちはただそれを、そのあるがままにコップ一杯の水として受け取るだけです。

マスターはライ病の人にも同じ態度で接しました。彼はそれを憎みませんでしたし、恐れませんでした。そして、彼はもちろんそれを愛しませんでした。彼はその人の元に行って、それに触れ、その行為によって彼が善悪の信念を超えていることを示しました。彼にとっては、ライ病は何のパワーももっていなかったのです。

私たちが原因と結果の法則を超えることは可能です。しかしそれは、世の中の武器が放棄され、私たちの人生がパンのみではなく、神の口から出て来るあらゆる言葉から生きられるときだけ、可能となるのです。私たちが自分の安全を構成するものとして、食料やお金や天候やその他**いかなる結果**も考えないとき、自分の本当の人生は神の言葉によって支えられていると理解するとき、私たちは人間、人間的投資、人間的立場にまったく依存しないスピリチュアルな人生を生きているのです。とはいえ、私たちはそういった人間的なものを投げ捨てたり、自分の人生から追い出したりするわけではありません。ただ、それらは人生の中に付け加えられたものであり、神の恩寵の顕現の一部であり、それゆえ仮にそれらが私たちから取り去られても、何の心配も恐れもない、と私たちは理解するだけです。

もし私たちが物質的生き方に依存するなら、依存しているものが取り去られるとき、私たちは本当に喪失してしまいます。しかしながら、それが訴訟という刀、防空壕という刀であれ、自分自身の防衛のために刀をもはや抜かず、力強い議論にさえ頼らず、スピリチュアルな生き方を実践しながら、自分の存在の中心に静かに休息し、もし必要なら目に見えない無限に自分の防衛と攻撃をまかせる者は、けっして失われることはないのです。この目に見えない無限はどんな人もけっして破壊することはありません。しかし、その人を通じて現れようとする悪の影響、思考、信念、行為を破壊することでしょう。

個人的に私たちは、パワーを使わずに生きるという意識状態を成長させます。そして私たちが、人、場所、物、環境、状態は、善と悪のパワーに染まっていないと理解することによって、その意識状態が私たちの特定の世界を**非パワーの軌道**に入れてくれるのです。善にも悪にも何のパワーもありません。なぜなら、**何のパワーもない**からです。何もパワーではなく、誰もパワーではありません。**神だけが創造し、維持し支援するパワーであり、それは私たちの誰の助**

けもなく活動しています。神だけがパワーです。私たちは、神が私たちを通じて、あるいは私たちとして流れる道具なのです。しかし、神だけが存在し、常に残り、唯一のパワーです。

マスターは、「なぜわたしをよき者と言うのか（マルコ10章18）……わたしは、自分からは何事もすることができない（ヨハネ5章30）……父がわたしのうちにおられて、みわざをなさっているのである（ヨハネ14章10）」と言ったとき、このことを明確に理解していました。同じことが私たちにも言えます。実際にはパワーが私たちに与えられたわけではありません。しかし、私たちが神霊に支えられているおかげで、見かけの間違いを否定したり、それと戦ったり、あるいはそれを破壊したりしようとしない、抵抗しないマインドの状態に到達するとき、私たちもまた内部の父が為してくださる不思議な物事を目撃することでしょう。

私たちに現れるどんな問題への反応も、次のようなものでなければなりません。「見なさい。それはここ私のマインドの中にあります。私はそれを眺めています。それは私を益していません。それは私を害していません。それは影です。この物はパワーであり、それは殺したり、破壊したり、弱体化させたりできる、と世界が言っているのを知っていますが、それは影だと私は言います。なぜなら、神が創造した世界では、それはパワーではありえないからです。私はどんなパワーも必要ではありません。私は影を破壊したり、克服したり、取り除いたりするためのパワーさえ必要ではありません」。そういった意識が打ち立てられなければならないのです。

人間の生存は二つのパワーへの信念というか、信頼に基盤が置かれています。宗教でさえ悪に対する神のパワーに基盤が置かれています。しかし、天国では善のパワーも悪のパワーもありません――あなたと私として、そして天なる宇宙として、それ自身の生命を生きている神だけが存在しています。私たちが「悪に抵抗するな」というマスターの教えを実証することができるまさにその瞬間、何かをしてくれるパワーを追い求め、探し、それに懇願し、他のあらゆる人と競争するという、世界のほとんどがやっていることをおこないながら、自分の日々をもはや費やさなくなることでしょう。私たちがこの新しい原理――新しいパワーではなく、新しい原理、人生の新しい局面を理解するとき、私たちは競争のない世界、人間同士がお互いに戦わない世界に住むのです。

誰に対しても何に対しても反対せず、パワーも使う必要がないという内なる感覚に自分自身を連れて行くとき、あなた自身の世界が変容するのを眺めてください。

「悪に抵抗するな」。最初、それはあなたがこの世でもっている最後の一ドルまで、誰かがそれを取ることをゆるすように見えるかもしれません。しかし、その人は最終的にはあなたから一セントも奪うことはできません。なぜなら、その人があなたからそれを奪うやいなや、それは何らかの方法であなたに返されるからです。そして、まもなくあなたは以前と同じくらいもつでしょうし、おそらくは残り物で一二の籠が一杯になることでしょう。その一方で、もしあなたが奮闘してそれにしがみつけば、以前より自分がもっているものが少ないことに気づくでしょう。

戦争と訴訟とは、所有、それが土地であれお金であれ人間であれ、どんな犠牲を払っても、たとえそれが嫉み、嫉妬、憎しみを喚起しても、所有者がしっかりと握りしめていなければならないという確信の結果です。何かの形態の悪や危険が脅かすとき、即座に自己保存の法則が働き、そのせいで本能的に私たちは手を挙げ、拳を振り上げるのです。もし私たちが形而上学の信徒ならば、すぐにメンタルな防衛の壁を打ち立て、「それは真実ではない。それはそうではない。物質の中に生命はない。神がすべてである」といった肯定的宣言や否定的宣言に訴えるのです。間違いにまるでパワーがあるかのように抵抗するわけですが、その一方で真実はと言えば、それは「肉体の武器」にすぎないということです。そういった理解があれば、私たちは何かを克服したり、乗り越えたり、破壊したりすることが必要だという感情をもたなくなります。

拳や刀という物理的抵抗、そして肯定的宣言や否定的宣言というメンタルな抵抗は実質的にどちらも同じです。しかし、物理的領域とメンタルな領域を超えてスピリチュアルな領域へ入ると、私たちは新しい次元へと連れて行かれます。そこでは何のパワーもなく、悪に対する善もなく、神霊の中で休息することによって、あらゆる状況は対処されます。

私たちが復讐を求めたり、自分自身を中傷、スキャンダル、噂から守りたいと思ったりする気持ちを乗り超えることが可能になるのは、ただ私たちの中の神霊のおかげです。私たちが自分自身を正当化したり、防衛したりする誘惑を拒否するとき、また「もしあなたがそれを信じるなら、私はあなたを気の毒に思います」と微笑んで言い、それを手放すことができるとき、キリストが必要な調整をし、彼が約束した防衛を私たちにもたらすことを、私たちは信頼しているのです。マスターはこう約束しました。「だから、どう答弁しようかと、前もって考えておかないことに心を決めなさい。あなたの反対者のだれもが抗弁も否定もできないような言葉と知恵とを、わたしが授けるから」(ルカ21章14–15)。ですから、私たちはあらかじめ何を言うかを計画する必要はありません。私たちは自分自身のためにずるがしこい弁護士になる必要はなく、ただ裁判官の前に立ち、口を開き、私たちを通じて神霊が語るのを待つだけでいいのです。

静かにすわることを学びましょう。そして、私たちの真下に「永遠の武器」があり、どれほど祈っても、これらの永遠の武器をそこに置くことはできないという理解の中で休息しましょう。なぜなら、それらの武器はすでに私たちの足元にあるからです。もし思い出すために必要なら、問題が解決を求めて私たちの注意を引くときはいつでも、目を閉じて、イエスがペテロに言ったことを思い出すべきです。「あなたの剣をもとの所におさめなさい」(マタイ26章52)。

私たちが自分のまわりで見るすべての不調和の映像は、ちょうど思考の中のメンタルなイメージ、スクリーン上の影です。私たちはそれらを恐れずに眺め、そしてそれらは映画のスクリーン上の男女や、テレビの中で炸裂してもけっしてテレビを破壊することがない銃弾と同様に、実体がないと理解できるようにならなければなりません。それらは大きな騒音を出しますが、影にすぎません。そしてある日、私たちが自分のマインドを眺めるとき、これらはいわゆる人生と呼ばれているメンタルなイメージや映像にすぎず、それらは私たちのマインドの外側ではなく、内部で起こっていることを見、理解することでしょう。私たちが見ているものは、出来事それ自身や巻き込まれている人ではありません。それは、私たちが引き寄せ、楽しんでいる出来事や人のメンタルな観念なのです。

私たちに現れている問題それ自身が、神が創造したスピリチュアルな実体ではなく、原因も現実もない――存在もパワーも実体もない――メンタルな観念であると私たちが理解するとき、そのとき真に存在し、すべてを創造し維持し支援する原理としての神に目覚める中で、私たちはそれについて何かしてくれと神に頼むことなく、必要な神のパワーのすべてをすでにもっているのです。

憎しみ、恐れ、嫉妬、憤慨を克服する必要はありません。ただすわって、目を閉じ、「これらは思考上のメンタルなイメージにすぎない。これらは広大なメンタルな幻想から投影された思考状態である」と理解してください。それから内なる平和に落ち着くことで、それらは解消します。それらは破壊されたのではありません。なぜなら、何も破壊されるものがないからです。それらには何の実体もなく、テレビのスクリーン上の映像と同じく現実がありません。確かに動く映像の背後に実体のある現実の映像があります。それはちょうど、私たちに現れるあらゆる信念、理論、間違ったイメージの背後に現実があるのと同じです。しかし、その現実はその映像の中では歪んでいます。そして、現実が現れるとき、解消するのはその歪みです。

条件づけられたマインドが私たちの問題を形成します。そして、マインドがその問題の答えを形成するときもあるかもしれませんが、それは私たちが求めているものではありません。私たちが望んでいるのは、人間のマインドよりも高い能力です。今、考えるプロセスを呼び出すことなく、私たちのマインドが魂の道具となるように、つまり、私たちのマインドを通じて、魂がそれ自身を現すことができる道具となるようにしましょう。

問題はマインドの中にだけ存在することができます。しかし、もし私たちが自分のマインドを空っぽにすれば、もしその中に何の思考もなければ、どこに私たちの問題があるでしょうか？　そのとき問題が何もなくなり、問題の代わりに真理ないし現実が飛び込んできます。

問題と戦う代わりに、見かけ上この問題が圧倒的に見えることを認め、それから現実が啓示されるように頼みながら内部に向かうとき、そのとき私たちは問題を超えようとも、破壊しようとしているわけでもありません。私たちは単に問題を理解しようとしているだけです——問題を理解するのではなく、問題の背後の現実を理解するのです。もし私たちが完全に静寂になり、どんな状況や状態をも克服しようとも破壊しようとも取り除こうともしないで、またそれから逃げようともしなければ、神霊の流れが飛び込み、自由があることでしょう。

間違いがどんな形で現れても、私たちはそれに対して壁を打ち立てる傾向がありますが、そうすることで、実証する機会が失われます。なぜなら、どんな壁も必要ないからです。悪に対して壁を打ち立てないでください。防衛しないでください。どんな外部のものもパワーをもっていないこと、善き物事さえもパワーをもっていないことを理解してください。すべての善は神霊ないし意識の中にあり、意識が生み出す物事の中にあるのではありません。

何かをやってくれるパワーに私たちが訴えることのない内なる静寂の中へ、今、私と一緒に来てください。私たちは悪に抵抗せず、悪にそれがしたいことをさせてやりましょう。その間、私たちはそれを肯定も否定もしないのです。私たちは神を求めず、また悪を恐れず、何の奮闘も闘争も戦いもなく、平和の中にすわります。

主はわたしの牧者であって（詩篇23篇1）……主は私を緑の牧場に伏せさせ、いこいのみぎわに伴われる（詩篇23篇2）。あなたはわたしの敵の前で、わたしの前に宴を設けます（詩篇23篇5）。彼はわたしのために定めた事をなし遂げられる（ヨブ記23章14）。主は私のために、みこころを成しとげられる（詩篇138篇8）

私は神の中に生き、活動し、私の存在をもっています。それゆえ、私は恐れる必要がありません。私は戦う必要がありません。なぜなら、戦争は私のものではないからです。

「主の霊があるところには、自由がある」（コリント人への第二の手紙3章17）。どんな闘争もなく、ただ平和だけです。「平和……」わたしの平安をあなたがたに与える。わたしが与えるのは、世が与えるようなものとは異なる（ヨハネ14章27）。それは隣人や隣国を破壊することから来る平和ではなく、たくさんの原爆をもつことから来る平和でもなく、「私」の平和です。何も私を破壊することはできず、何も私を害することはできません。というのは、「私」の平和以外何もないからです。

刀によって生きる者たちは、それがメンタルな刀であっても、刀によって死ぬことでしょう。ですから、刀をしまってください。自分自身を防衛するのをやめてください。あらゆる祈りと冥想において、あらゆる治癒において、自分の刀をしまうことを自分に思い起こさせてください。私たちがもはや物理的であれメンタル的であれ、人間的武器の使用をやめるとき、私たちはくつろいで、自分の内部の神霊の中に入ります。そうすれば、世界が私たちに好き勝手することをゆるすことなく、私たちの経験を神霊が引き継ぎ、統治してくれます。

山上の垂訓は法則か神の恩寵かという二つの生き方の選択を私たちに与えました。もし私たちが法則を選ぶなら、おそらく少しは安楽な時間を経験するでしょう。なぜなら、私たちは一般的慣習に従い、大衆と仲良くやっていき、審判の日がやって来る日まで、ある程度はしばらく恩恵を受けるだろうからです。その一方で、もし私たちが恩寵によって生きようとするなら、自分がこの世界から一歩抜け出し、自分には値しない不当な扱いに一時的には苦しむかもしれません。しかしながら、最終的分析をすれば、私たちは神の恩寵の元に、神の統治の元に、神の保護の元に、自分自身がいることに気づきます。人間の意志ではなく、神の意志が私たちの中で為されているのです。そして、それはまったく違った人生です。

13章　隠れた事を見ておられる父

また祈る時には、偽善者たちのようにするな。彼らは人に見せようとして、会堂や大通りのつじに立って祈ることを好む。よく言っておくが、彼らはその報いを受けてしまっている。（マタイ6章5）

あなたは祈る時、自分のへやにはいり、戸を閉じて、隠れた所においでになるあなたの父に祈りなさい。すると、隠れた事を見ておられるあなたの父は、報いてくださるであろう。（マタイ6章6）

非常に多くの人たちが、自分たちのもっとも効果的な祈りは教会で唱えられるものである、と信じています。私たちがそのことに気づくとき、マスターのこれらの言葉は私たちに大きなショックを与えるにちがいありません。イエスによれば、祈りは隠れておこなわれなければならないということを忘れて、私たち自身どれほど人前で祈ったことでしょうか。昔、パリサイ人や律法学者は今日の私たちの世界のほとんどの人たちと同じように、人前で祈ったものでした。そして、彼らのそういった祈りに対して、彼らは隣人たちから称賛を受け取りました。しかし、そのため彼らが失ったものがたった一つあります——神の恩寵です。

私たちの祈りが公の発言の出来事になるとき、自分のエゴを膨らませ、自分自身から何かを作り上げようとし、自分を誉め始めます。そしてそのせいで、私たちは父の報いを犠牲にし、自分が求めているまさに祝福から自分自身を切り離していることに気づかないのです。私たちを称賛するどんなことも、私たち自身が重要な人間だと世界に信じさせようとするどんな試みも、神の愛から私たちを分離させる結果になります。マスターの教え全部が、「わたしは、自分からは何事もすることができない（ヨハネ5章30）。父がわたしのうちにおられて、みわざをなさっているのである（ヨハネ14章10）。わたしの教はわたし自身の教ではなく、わたしをつかわされたかたの教である（ヨハネ7章16）」というものです。

「隠れて祈れ」というこの命令は、私たちが他人と一緒に祈ることができない、あるいは祈る目的で教会や寺院に集まることができないという意味ではありません。なぜならイエスはまた、「ふたりまたは三人が、わたしの名によって集まっている所には、わたしもその中にいるのである」（マタイ18章20）と教えたからです。彼が言わんとしたことは、みんなが受け入れているから、それが流行しているから、礼儀正しいからそうするという理由で、私たちが教会に参加してはいけないという意味です。あるいは、もし私たちが教会へ行かなければ、隣人たちが私たちの噂話をするだろうという理由で、教会に参加するべきでないという意味です。私たちが教会へ行く理由は、神と交感する目的で、沈黙して聖なる雰囲気の中でスピリチュアルな人生に献身している他の信徒たちと一緒に、隠れて祈りたいというものであるべきです。そうすれば、私たちは聖霊の洗礼を受け取るのです。

イエスはまた、聖なる山やエルサレムの聖なる寺院で祈らないようにとも、私たちに思い起こさせます。その言わんとする意味は、自分の庭や家や居間で祈るよりも、聖なる山や寺院で祈るときに、神の存在により大きく目覚めることが期待できるわけではない、ということです。なぜなら、「神の国は、見られるかたちで来るものではない。また『見よ、ここにある』、『あそこにある』などとも言えない。神の国は、実にあなたがたのただ中にあるのだ」（ルカ17章20-

21）。私たちがたえず祈ることができる唯一の方法は、どこでも自分がいるところ——家庭で、通りで、機上で、水の下で、教会の中と外で祈ることです。

祈りそれ自身はけっして公に見せるものでもなければ、他の人々に見られたり、聞かれたりする目的でおこなうべきものでもありません。祈りは秘められた聖なる経験であり、それゆえ私たち自身の意識の領域の内部で起こらなければなりません。そのとき、「隠れた事を見ておられるあなたの父は」報いてくださるのです。

私たちが秘密の祈りを実践し始めたあと、ようやく真の祈りの効果を学び、自分の人生に起こる変化を観察します。そのとき私たちは毎日静かな場所へ引きこもり、そこで平和な静寂に入り、神と秘密に交感することができる時間を経験します。マスターは、私たちの祈りは私たちの内部にいる父に向けられなければならないと教えました。そして、私たちが内部で静かで平和で、穏やかである以外、神がいるその中心に到達できる方法はありません。ですから、その中心に触れるためには、私室へ入り、その神聖な場所のドアを閉め、聴覚や視覚を閉じることが必要です。私たちの意識の内部で起こるあらゆる思考は神の御座に届き、私たちに戻って来ます。それは見られたり、聞かれたりする必要はありません。それが評価される唯一の方法があります――つまり、それは神聖で非利己的でなければならない、ということです。

私自身の存在の内部のまさにここに父がおられます。そして、この父は私がもつ思考をご存じです。この父は私のハートの瞑想をご存じです。この父は私が純粋な立場から行動するのか、それとも自己利益と偽善から行動するのかご存じです。

私たちの内部に生命の供給があります。ですから、供給はそこで決定されているのです。私たちの内部に神の王国全部があるのです。それはつまり、私たちの内部に、不死、永遠性、徳、繁栄、調和、健康、全体性、完全性、充実があるという意味です。しかし、私たちの人間的自己の中では、それをけっしてもたらすことはできません。なぜなら、一人の人間としては、私たちは原因ではなく、結果に生きているからです。しかし、人間が自分の源泉と接触することを学ぶとき、そのとき目に見えないものに頼り、エデンに戻るのです。

内なる神聖な場所へ定住することによって初めて、父の家への帰還を成し遂げることができきます。なぜなら、瞑想においては、エゴというか個人的感覚の「自分」——額に汗して生きるアダムが、静かにしているからです。それはパワー、理解、知恵を主張しません。反対にそれはまるで、「私は不十分で、不完全で調和していません。それで今、私は自分より偉大な**それ**、自分の存在の源泉に向きます」と言うかのように、謙虚な態度をとります。私たちの静寂によって、自分の謙虚さを示すのです。

慣習的祈りは人を神よりも偉い存在にします。なぜなら、それは神に自分が何が欲しいか、そしてたいていいつそれが欲しいかを告げるからです。それは私たちのエゴを膨らませます。なぜなら、それは無謀にも、自分のためにあるいは他人のために、神に影響を与えようとするからです。しかし、静寂の瞑想においては、その祈りとは次のものです。

私は、あなたが私の目的に奉仕し、私の意志、私の望み、私の命令を為すことを求めません。私はあなたの召使いです——あなたが私に関してしたいことをやってください。私に教え、私に食料を与え、私をお導きください。あなたは呼吸よりも私に近いのです。あなたは私が必要なものを知り、私に王国を与えるのはあなたの善なる喜びです。それゆえ、私はあなたに仕え

ます。

このように待っているとき、真空が創造され、エゴが一時停止します。欲望、希望、願望、野心をもった個人的自己感覚が消え去り、そのとき、超越的閃光が発火する余地があるのです。主の霊が私たちの上に降りることができるためには、謙虚さがなければなりません。ですから、私たちが隠れて祈るとき、私たちが父と一つであり、一体であるゆえに、父がもっているすべてのものは聖なる遺産によって私たちのものであり、私たちに王国を与えるのは父の善なる喜びであることを理解します。そのとき私たちは、報酬、補償、感謝、協力、愛情を求めて、もはやどんな人にも頼る必要がないということです。私たちが父との関係を理解するとき、神の意志に従ってあらゆる思考と行為を形作ることを学びます。

秘密の祈りの本質と目的は、今日の人々の宗教生活の中ではほとんど理解されていません。しかしながら、秘密守秘は静寂と同じくらい力強いものです。実際は、それはスピリチュアルな成功の鍵であり、秘密守秘なくして、スピリチュアルな実証は不可能です。

自分の義を、見られるために人の前で行わないように、注意しなさい。もし、そうしないと、天にいますあなたがたの父から報いを受けることがないであろう。（マタイ6章1）

だから、施しをする時には、偽善者たちが人にほめられるため会堂や町の中でするように、自分の前でラッパを吹きならすな。よく言っておくが、彼らはその報いを受けてしまっている。（マタイ6章2）

これは明白そのものの声明ではないでしょうか？　しかしながら、この世界でどれほど多くの人たちが人前で慈善をおこない、自分の慈善行為を新聞や教会の掲示版やどこかに公表させていることでしょうか。そうすれば、感動を必要としている隣人や市民やビジネスの同僚が見て、彼らの崇高さと地域社会への貢献について彼らを称賛するからです。そして、たぶん彼らがどれほど善いキリスト教徒か、付け加えて言うからです。しかし、イエスはこういった慣習に関して、次のように言いました。「天にいますあなたがたの父から報いを受けることがないであろう」。

あなたは施しをする場合、右の手のしていることを左の手に知らせるな。（マタイ6章3）

それは、あなたのする施しが隠れているためである。すると、隠れた事を見ておられるあなたの父は、報いてくださるであろう。（マタイ6章4）

私たちの内部の父は私たちのまさに魂であり、私たちの魂は私たちがすることは何でもご存じです。もし私たちが静寂のまま秘密にそれをおこなうならば、神は私たちにどうやって目に見えて報いるのかご存じです。しかし、私たちがどんな善行をおこなっても、自分がやっていることを人々に知ってほしいと思うなら、そのときには、「自分がそれをやっている」という意識があり、それは真実ではありません。なぜなら、神が私たちの善き仕事のすべての行為者であり、私たちはせいぜい、神の恩寵が私たちを通じて現れる道具ないし透明性にすぎないからです。さらに潜在意識的に、まるで私たち自身が善いかのように、他人が自分の善き仕事に気づき、私たちの寛大さと慈善を称賛し、誉め、感謝することを私たちは望んでいます。

しかしながら、私たちが自分の施しを秘密におこなうとき、個人的自己感覚がまったく不在で、神だけが私たちの善き仕事を目撃しています。秘密に神聖に為されたどんな善行も、個人的自己感覚の不在と神の存在を立証しています。

また断食をする時には、偽善者がするように、陰気な顔つきをするな。彼らは断食をしていることを人に見せようとして、自分の顔を見苦しくするのである。よく言っておくが、彼らはその報いを受けてしまっている。（マタイ6章16）

あなたがたは断食をする時には、自分の頭に油を塗り、顔を洗いなさい。（マタイ6章17）

それは断食をしていることが人に知れないで、隠れた所においでになるあなたの父に知られるためである。すると、隠れた事を見ておられるあなたの父は、報いて下さるであろう。（マタイ6章18）

私たちのスピリチュアルな秘密を話さないようにしましょう。つまり、生命の源泉との交感の秘密を発見したことを、人々に自慢しないようにしましょう。そして、私たちのスピリチュアルな真珠を、それを受け取る準備がない人たちに暴露しないようにしましょう。というのは、そうすることで、それらは失われるか、踏みつけにされてしまうかもしれないからです。それを人々の前で見せびらかし、言葉のベールによってぼやけさせるより、その果実によって私たちの光を輝かせましょう。

神と私たちとの関係を秘密にしておくことは、利己的なことではありません。なぜなら、私たちの光は光を見る準備ができている人々に輝き、私たちの知恵を聞く耳をもっている者に聞かれるからです――言葉や思考のない伝授さえ聞かれるのです。

スピリチュアルな断食は内側で神と交感することですが、その間、言葉と思考を控えます。それは自分のまわりの人たちに見られずに神の中に住むことです。それは神から何かを求めることを控え、それにもかかわらず、神の恩寵が自由に流れていることに気づくという最高の意味での祈りなのです。

それほど高いレベルの意識に関する教えは、人間の理性的マインドではけっして理解することができません。それゆえ、スピリチュアルな覚醒が目標である人たちしか、従うことができないのです。秘密守秘に関するこれらのイエスの秘儀的な教えは、公にはほとんど教えられていませんし、あらゆる人の中にスピリチュアルな中心があることは、ほとんど認められていません。しかしそのことは、「子よ、あなたはいつもわたしと一緒にいるし、またわたしのものは全部あなたのものだ」（ルカ15章31）とか、「わたしは、けっしてあなたを離れず、あなたを捨てない」（ヘブライ人への手紙13章5）とか、「わたしは世の終りまで、いつもあなたがたと共にいるのである」（マタイ28章20）といった啓示の中に言及されています。

私たちの中のどれほどの人たちがこの教えの神秘を理解しているでしょうか？　私たちのどれほどの人たちが、**「私」**が実際私たちの中にいて、隠れた事を見ておられるその**「私」**が、私たちに目に見えて報いてくださることを知っているでしょうか？　黙想と瞑想によって、私たちはスピリチュアルな生命の神秘を解かなければなりません。そして、呼吸より近い無限の目に見えないものの性質を秘密に神聖に黙想するときだけ、私たちはこれをおこなうことができます。神の神秘は、議論、討論、理論化の騒音と喧噪の最中に私たちに啓示される、とけっして信じてはいけません。山上の垂訓の教えを理解し、それに従う者たちにとっては、隠れた神秘はもはや隠されていないのです。

14章　あなたが祈るとき

何世紀もの間、神に願いを聞いてもらおうという目的で単に言葉を声に出すことが、神のパワーと存在を日常経験の中にもたらす、と世界は信じてきました。何百年もの間、世界中の何十億もの人々が、戦争が終わるように、飢饉が地球上から一掃されるように、病気が癒されるように祈ってきました——しかし、すべてが変わらずに続きました。

人が言葉と思考に全面的に頼り、単に自分のマインドで祈るとき、祈りが応えられることを経験する人は誰もいません。なぜなら、そのとき神霊が表現の中へ突破する機会がないからです。祈りがどんな形態をとろうとも、神の存在に継続的に気づくまで、神と関係する何のつながりもないのです。

また、祈る場合、異邦人のように、くどくどと祈るな。彼らは言葉かずが多ければ、聞きいれられるものと思っている。（マタイ6章7）

私たちの多くが空しく言葉を繰り返すという罪を犯してきました。実際私たちがやっていることは、ただ誰か他の人が作った祈りをただ何度も何度も繰り返しているだけなのに、自分では祈っていると考えていることです。主の祈りのように偉大な祈りの繰り返しであっても、もし単なるその言葉の繰り返しがパワーをもつという考えをもって唱えられるなら、それは効果的な祈りではありません。なぜなら、考えられ、話され、書かれたどんなことも結果にすぎないからです――どうして神のパワーが結果の中にありうるでしょうか？　すべての聖典が一なるもの以外何のパワーもない、一なるもの以外何の神もいないと述べていませんか？

言葉と思考からなる祈りは神には届かず、それゆえ応えられないままです。応えられる祈りとは、人の内部の奥深くにあるものです。そのとき何の思考も言葉も存在せず、ただ言葉を超えた神への飢え、熱望、必要があります。その強烈な熱望の中で、神に手が届くのです。

私たちは、いつもそこにいて、いつも近づくことが可能な存在と触れ合うために、自分の意識の奥深くへと入って行くことはありません。ですから、祈りが果実を生まないのです。神は私たちのマインドの表面では発見されることはありません。つまり、神は知性を通じて発見されることはできないのです。深い祈り、神を熱烈に求めるハート、神を正しく知りたいという深い願望なくして、神を発見することはできません。

祈りは**スピリチュアル的に満たされること**への願望でなければなりません。まず最初に、神の王国を求め、何かを得る希望をあきらめ、物事が私たちに付け加えられることに満足することを通じて、私たちはスピリチュアル的に満たされることへ自分自身を開くのです。スピリチュアル的に満たされることが私たちをどこへ導くのか、私たちの誰が知ることができるでしょうか？　それは私たちを現在の仕事や現在のライフスタイルに残しておくかもしれません。あるいは、それは私たちを新しい活動、まったく新しい人生へと導くかもしれません。

しかしながら、祈るときに重要なことは、自分が望むもの——自分の希望、目的、野心、願望のすべての先入観や考えを背後に置くことです。なぜなら、神が私たちの条件でそれらを満たしてくださるかどうか、保証はないからです。もし私たちが応えられた祈りの果実を見ることを望むなら、自分が必要としていると思うものや、世界が必要としているもののために祈らず、私たちの祈りを内なる静寂のままにしておくことを覚えておかなければなりません。その内なる静寂の中で、神の言葉が私たちの中に流入し、「子よ、またわたしのものは全部あなたのものだ」（ルカ15章31）を、私たちに思い起こさせてくれるのです。神が自分の言葉を話すとき、その真理に何の疑いもなく、神の言葉とそれが満たされることの間に不毛な隔たりはないことでしょう。

キリストとの共同相続人として、神霊のはかりしれない富が豊かに私たちに降り注がれることでしょう。しかし、神の意志と神のやり方を愛する者たちに、神がどんな物事を用意しているのか、誰も知りません。

「目がまだ見ず、耳がまだ聞かず、人の心に思い浮びもしなかったことを、神は、ご自分を愛する者たちのために備えられた」（コリント人への第一の手紙2章9）

人は聖なる計画がその人のために何を用意しているのか知ることはできません。なぜなら、人間は自分がすでに所有しているものの増加によってのみ、善を測ることができるからです。それが、自分が所有しているお金であれ、馬であれ、その人にとって善を表すものをもっと蓄積することが、善を評価するその人の方法です。しかしながら、これらのことは本当の善とはまったく何の関係もありません。なぜなら、誰も実際の善が何かを定義できないからです。人が自分の内部にどんな宝が蓄積されているのかを知ることができるのは、人が神のほうを向いて、それがどんな形態であれ、あらゆる物事において神の恩寵だけで充分であることを理解し、どんなやり方であれ、神の善が展開し明示されることに喜んで従うときだけです。そのとき神のやり方は、一時的には人の人間的生活、希望、活動の完全なる反転や混乱かもしれません。

おそらく本書を読んでいる人全員が、自分が熱心に祈った物事の多くを受け取らなかったことを喜んでいるでしょう。それゆえ、「私の意志ではなく、あなたの意志が私の中で為されますように（ルカ22章42参照）。あなたは全知であり、宇宙の無限の知恵と知性です。ですから、私は自分の希望と願望、恐れ、目的と野心をあなたの手に明け渡します」と祈ることは、それほど難しいことではないはずです。このようにして、私たちは自分自身を空っぽにします。

自分自身を空っぽな容器として神へ運び、神にその容器を満たしてもらうようにすることは、最高の形態の祈りです。神にとって何が善で、何が悪かについて、私たちの限界ある見方を受け入れないようにしましょう。また、私たちの人間的希望や野心を、神のところへもっていかないようにしましょう。そうではなく、まるで私たちが自分自身の母親を信頼するように神を信頼し、聖なる愛として、この世界の聖なる知恵として神を信頼するかのように、私たちを神のところへ行かせましょう。実際神は、神聖なる愛で聖なる知恵だからです。

私たちがそうするとき、私たちは神の子供たちですが、ただ話しているかぎり——神に語り、頼み、懇願し、嘆願し、アドバイスしているかぎり、私たちは死すべき存在であり、私たちの祈りは神に届きません。私たちの祈りが神に届くのは、ただ自分が空っぽの容器になるのを私たちがゆるすときだけです。そのとき私たちの完全なる信念と信頼は、「あなたの意志が私の中で為されますように。あなたの恩寵、あなたの平和がありますように」です。それから、神の言葉が私たちのところへやって来て、私たちを満たし、私たちの中で神自身と神の計画を満たすのを、静寂の中で空っぽになって待つのです。

これほど多くの不幸がある理由は、多くの人たちが自分自身の考えで自分を満たしていないからです。まして神の考えで自分自身を満たしていないからです。人間としては非常に多くの人々が神に適応していません。地球上の人は、その人の地位がどれほど高いものであっても、ほとんどの人がこの地上での自分の本当の運命を満たしていません。たいていその人は自分自身が選んだ運命を満たしているか、環境が彼に押しつけた運命を満たしているかのどちらかです。

ですから、もし自分がコントロールできない環境を通じてその中に投げこまれた、あるいは無知を通じて自分で自分自身を追い込んだ何かの運命を私たちが満たしているなら、満たされるための祈りを確かに私たちは必要とします。それは空っぽさの祈りです。私たちは、「見てください。私が今まで自分のこの人生を混乱させてきたことは確かです。私は手放しますので、あなたが引き継いでください」と喜んで認めながら、どうやって全状況を神に委ねるかを学ぶ必要があります。そうすれば、奇跡が私たちの中で働き始め、私たちが自分の運命として考えていたことが、どれほど素早く変わるかに驚くことでしょう。

それ以外に祈る方法はありません。私たちがその方法で祈るとき、私たちは宇宙の無限の知恵に祈って、聖なる愛が私たちの中でそれ自身を満たすことを信頼するのです。私たちが神にアドバイスし、提案し、描写し、あるいは神が私たちの個人的望みに従って行動してくれるように希望しているかぎり、神に祈っているのではなく、自分自身のマインドに祈っているのです。それは神に祈る方法ではありません。むしろ、私たちに対する神の意志がそれ自身を満たすために、そして私たちがそのために生まれてきたことが満たされるために、私たちは自分自身を神に明け渡すべきです――私たちは全員がある目的のために生まれてきました。さもなければ、私たちはここにはいないことでしょう。

言葉も思考も方向も希望も恐れも野心ももたずに神のところへ行くことが、最初どれほど苦痛で困難であっても、自己を空っぽにすることは、仮にそれが時間がかかっても達成するに値することです。私たちがこの地点に到達するとき、自分の今日や来年を計画しなくてもいいことは、何と素晴らしいことかがわかるでしょう。しかし同時に、一年の毎日が満たされる日々であることを確信するでしょう。なぜなら、毎日が神の日だからです。そして私たちは、神が働くのを眺める以外に何もすることがありません。私たちにそれをやるように命じた聖なる神の意志がそれを満たすのです。私たちが言葉を充分に空にし、自分のマインドで考えた何らかの人間的思考を注入しないかぎり、神が私たちの日々と夜を満たしてくれるのです。

私たちが瞑想するとき、何らかの思考を考えることは普通ですが、神に何も要求しないことをマインドの中で確認しましょう。

私は自分が人のところへ行くのではないと完全に知って、ここに祈りと冥想に来ています。とはいえ、神と自分の関係は、父と息子、あるいは母と息子の関係と同じように個人的なものです。しかし、私は知恵と愛の神霊のほうに向き、その意志のおかげで私は果実を生むのです。

私は神を啓発するために、神の存在の中に入るわけではありません。神がすでに知っている以上のことを、あるいは私が何をもつのがふさわしいのかを神に話すことを私は希望しながら、自分の見方を神に提供するために、神のところへ行くわけではありません。私は祈りと交感のこの時間を通じて、自分自身の利益のために、神に影響することを期待しません。

神が神自身で私を満たすように、神の知恵、神の平和、神の栄光で私を満たし、神の愛のために私をこの地上でふさわしい道具とするために、私は神のほうへ向くのです。

このようにして、私たちは自分自身を空っぽにします――私たちは古いワインを空っぽにします――何の願望も希望も野心も恐れももたずに、自分自身を無にします。そういった受容性の状態で、神の計画とデザインに従って、神霊が私たちの中で私たちを通じて働く道を開くのです。

神は何百世代の死すべき人々の元に隠れています。神はスピリチュアルな無知に染まった何百世代の人々の元に隠れています。神は、人間性、独善、自己防衛のすべての層の元に、私たちが自分のまわりと内部に打ち立て、それゆえ私たちが神に触れるのを不可能にしているすべての**自己（エゴ）**の元に、隠れているのです。では、私たちは静寂の中で、自信をもって静かに沈黙した状態以外で、どうやって神に触れるというのでしょうか？　内部の静寂の中に留まることを学ぶ以外に、静かになること以外に、どうやって神に触れるというのでしょうか？そのとき私たちは自分自身の存在の内部にいる聖なる自己と触れ合い、私たちがそれとの触れ合いを確立するとき、マスターと同じように内部の父と交感状態になるのです。

私たちの内部以外のどこかでどれほど神への祈りがおこなわれてきたことでしょうか！　しかしながら、人々に食物を提供することであれ、ヒーリングであれ、マスターは内なる父だけに祈り、あらゆることを父の手柄に帰し、あらゆる状況でその内部の父に向くことによって、手本を示しました。

遅かれ早かれ、私たちみんながその父、私たち自身のキリスト、私たちの内部の神の子と触れ合わなければなりません。神の子が私たちの本当の存在を構成しています。神の子は私たちのまさに生命で、マインド、魂です。人間の子は内部の神の子と親しく交わることを学ばねばなりません。そのとき二つが一つになり、人間の子は、「私はけっして一人ぼっちではない。私がいるところに神がいる。神がいるところに私がいる」と理解するのです。

私たちの意識の中で受け取られた神の言葉はヒーリングの代理人です——素早く、鋭く、パワフルです。しかし、神の言葉は**受け取られなければなりません**——それは単なる言葉の繰返しであってはならないのです。なぜなら、神の存在とパワーを啓示するのは、これらの真理の復唱ではないからです。とはいえ、神の言葉が私たちの意識に次のメッセージをもって流れ込んでくるまで、これらの真理は私たちがその上で休憩する土台を実際に形成します。「あなたがたは、ほんとうに自由な者となるのである」(ヨハネ8章36)とか、「子よ、わたしのものは全部あなたのものだ」(ルカ15章31)とか、「わたしの心にかなう者である」(マルコ1章11)とか。ときには、神の言葉はまったく何も言いませんが、私たちは自分の全システムの中に平和の流れを感じたり、自分の顔に微笑みを感じたりして、「どうしてこの問題が現実であるなどと、自分は信じることができたのだろうか?」と言えるほどです。それが流入するとき、実際それは内なる父から私たちの外部感覚へやって来る流れですが、調和が確立され、それが自分のためであれ、他人のためであれ、ヒーリングが起こるのです。

しかしながら、これに到達するためには、まず最初、まるで私たちのつまらない問題が、神の王座にもちこまれるのを待っている神が世界のどこかにいるかのように、神に向かうことをやめる必要があります。また、神が私たちから何か善きことを差し控えているので、治癒、祈り、犠牲、あるいは強制によって、神が現在やっていないことを神にさせることができる、と信じるのをやめなければなりません。そういったすべてのナンセンスが放棄されなければなりません。私たちは「在る」という感覚で、神に向かわなければならないのです。

神は存在します。そして私は、今やっていない何かを神がやるために神に向かうのではありません。私は神の存在性の上に立ち、私がどこにいても、あらゆることにおいて神の恩寵だけで充分です。

「主の霊があるところには、自由がある」（コリント人への第二の手紙3章17）。では、どこに主の霊（神霊）がいるのでしょうか？　あらゆる方法で私たちが神を認めるところでは、どこでも神はいます。私たちが神と知り合い、平和になるときはいつでも神はいます。私たちが静寂と沈黙の中にすわることを学ぶときは、どこでも神はいます――そこが主の霊がいるところです。神霊がいるところでは、肉体的精神的財政的あらゆる束縛から解放され、自由があります。

私たちが聴くことを学び、受容性の状態を発展させるにつれて、やがて内部から流れが来始める場所へ私たちは到達します。書かれた真理あるいは話された真理は、神を私たちの生活にもたらすことはできません。書かれた言葉あるいは話された言葉は、私たちが神の恩寵に目覚めるのを待っている間、休むべき土台を私たちに与えてくれます。しかし、神霊が私たちの上で動いたときだけ、強大なワークが起こるのです。

私たちが話す言葉も私たちが考える思考も、パワーではありません。しかし、私たちが静寂の雷鳴の中で完全に静かになってすわり、「こころざしを堅固なもの」（イザヤ書26章3参照）にし続ければ、思考がもはややって来ない場所へ私たちは到達し、数瞬間で、目覚めとして知られているこの内なる平和を感じ始めるのです。

祈りは神と私たちが触れ合うことです。祈りは私たちの経験の中でそれを通じて神の恩寵がその奇跡を為す手段です。しかし、祈りは聴くという態度でなければなりません。それは、神霊が私たちを満たし、私たちの中で私たちを通じて、その機能を果たすことを喜んで認めることです。

15章　私たちが赦すとき

ほとんど二千年もの間、世界は、「わたしたちに負債のある者をゆるしましたように、わたしたちの負債をもおゆるしください」（マタイ6章12）と祈ってきました。しかし、私たちはこの教えは善き人生のまさに核心、全身全霊を表していることに気づいていません。イエスは繰り返し何度も何度も赦すことの徳を激賞してきました。

だから、祭壇に供え物をささげようとする場合、兄弟が自分に対して何かうらみをいだいていることを、そこで思い出したなら、その供え物を祭壇の前に残しておき、まず行ってその兄弟と和解し、それから帰ってきて、供え物をささげることにしなさい。（マタイ5章23－24）

もし人をゆるさないならば、あなたがたの父も、あなたがたのあやまちをゆるして下さらな

いであろう。（マタイ6章15）

これは明らかに、悪意、嫉み、嫉妬、復讐、憎しみが意識の中で享受されているかぎり、私たちの意識の中に障害があって、それが私たちの祈りが応えられることを妨害すると述べています。

私たちの本当の祈りにおいてのみ、私たちはお互いから、そしてお互いの利益から分離しているという感覚をすべて失うことができるのです。他人の利益は私たちの利益、私たちの利益は他人の利益であることを自分に納得させたり、私たちはみな平等に神の子供たちであることを知的に信じたりするのは、ほとんど不可能です。なぜなら、物質的感覚がその正反対を証言するからです。私たちが他の人間と内的に交感しているとわかるのは、ただ神と内的に交感するときだけです。そのとき人間とは、白人とか黒人、東洋人とか西洋人、ユダヤ人とか異邦人を意味するのではないことを学びます。人間は人間を意味し、それは私たちであり、無限で平等の一なる神の子です。しかし、そのことはマインドを通じては知られることはできません。ただ神との交感を通じてのみ、私たちはみな一つであることが啓示されうるのです。

一人を奴隷化するどんなことも、世界を奴隷化します。反対に一人を解放するどんなことも、世界を解放に向かわせます。一人の人間、一つの人種、一つの分派を貧困化させるどんなことも、世界を貧困化させます。一人の個人、一つの人種、一つの国家の生活により多くの食物の供給をもたらすものは、全世界を欠乏から解放へ向かわせます。しかし、誰もそのことを自分のマインドで受け入れることはできません。また、物質主義者はその真理をけっして確信することはできないでしょう。戦争の最中であっても、敵のためになぜ私たちが祈るべきなのかを啓示するためには、神との内なる交感が必要です。

自分の敵のために祈るということの過激な教えを物質主義者が聞くとき、最初に思うことは、「あなたが言わんとしていることは、私の敵が私よりも成功することを、彼らの詐欺、ペテン、共謀が成功するように私が祈るべきだというのですか?」ということです。いいえ、スピリチュアルなヴィジョンの祈りはそういったことのためではなく、敵のマインドが開かれ、神の意志を受容し、これに応えるようになることを祈るのです。

自分の敵のために祈ることは、彼らに祝福を浴びせながら天国の扉をまさに開くということを、ほとんどの人が覚えていません。ある国が敵なのか同盟国なのかは関係なく、同じ祈り、

「彼らがスピリチュアルなヴィジョンで見ることができるように、彼らの目を開いてください」が、普及しなければなりません。

敵が個人的なのか国家的なのか国際的なのかは、まったく関係ありません。すべての人間が自分の本当のアイデンティティとすべての存在の源泉に目覚めてほしい、という願望がなくてはなりません。自分を磔にする人たちにさえマスターは言いました。「父よ、彼らをおゆるしください。彼らは何をしているのか、わからずにいるのです」（ルカ23章34）。自分を穴に投げ、奴隷として売った自分の兄弟たちに、ヨセフ（ヤコブの子。創世記37章参照）は、「それゆえわたしをここにつかわしたのはあなたがたではなく、神です」（創世記45章８）と言いました。彼は彼らの行為に彼らを束縛せず、彼らに家へもって帰るための食料を与え、悪に対して善で報いました。私たち全員にとってもっとも重要な教訓の一つは、スピリチュアルな生活においては、悪に対して悪で返す余地はないということです――赦しの生活以外何の余地もありません。朝起きた瞬間から夜寝るまで、私たちが次のことを意識的に思い出す時間を作るべきです。

私は赦します。もし私に男、女、子供に対して少しでも怒りがあれば、今ここで私は完全に完璧に全面的に赦します。もし誰かの間違った行為が私の記憶にしつこく何度も何度も戻って

来るなら、私は赦します。私は誰にも罰を求めません。私は復讐も正義も求めません。私はあらゆる人を解放し、手放します。

父よ、私の過ちをお赦しください。私も自分に対して過ちを犯したすべての人を赦しますから。父よ、盲目の人の目を開いてください。父よ、彼らが私の家の人であろうと、他の家の人であろうと、敵の目を開いてください。

私がある中西部の町で二つの講演をする予定の前の晩、まさにこの話題について新しい展開がありました。私は翌日の講演がどんなふうになるか、自分の頭にまったくなんの考えもありませんでした。私はそういう経験にはとても慣れてはいますが、それでも多少は困った気持ちがありました。しかしながら、その晩、私が瞑想していると、突然「**赦し**」という言葉が私のマインドに思い浮かんだのです。

私にやって来た思考は、「私は完全に赦したのだろうか？　私は自分の思考の中で、誰かや何かの集団やどこかの国について考えていて、そのことは自分がまだ彼らを完全に赦していないことを示しているのだろうか？」というものでした。私が自分の内部を調べても、私は自分が束縛している誰のことも発見できませんでした。

それから私の思考が、「私は本当に赦されたのだろうか？」と反転したのです。私たち全員が罪を犯したことがあります。私たちが人間としての人生を生きてきた間、特定の罪をそれほど重要に考えないかもしれません。しかし、スピリチュアルな人生においては、以前はそれほど重要に思えなかったことが大きな重要性をもつのです。それで私は、自分が犯したかもしれない何かの罪が完全に赦されたのかどうか、そして浄化されたのかどうかと考えたのです。

赦しに関して一つの秘密があります。何も誰も私たちを赦すことができない、ということです。それゆえ、たった一つの条件以外、私たちが赦される可能性はありません。それは、その罪を二度と繰り返す可能性がなくなるときです。言い換えるなら、その罪がどんなものであれ、私たちの内部でそれが繰り返される可能性があるとき、私たちはまだ完全に赦されていない、ということです。

今、私たちが自分の罪について神と会話ができると仮定してみましょう。私たちは罪を告白し、赦しを請います。それに対して、神はこう言います。「なんだと？　また同じことを繰り返す許可が欲しいと言うのか？」
「いいえ、神様、違います。私は絶対にそれを再びやりません。それは二度と起こりえません。私はその悪を悟りました」

その瞬間、私たちは実際にそう信じるわけです。しかし忘れてはいけないことは、神は神であるゆえに、私たちのハートの中心まで見抜くことができる、ということです。そして、もし同じ状況が起これば、かつて私たちにその罪を犯させた同じ原因のせいで、また私たちが同じ罪を犯すことを、神は知っています。ですから、全能な神は言うのです。「ああ、まだそれはそこにある。あなたの内部には障害があり、あなたが完全に浄化されるまで、同じ罪を犯し続けるだろう」

ですから、私たちは戻って、神からのこの反応について熟考します。私たちは瞑想し、あらゆる角度から状況を眺め、すると突然、明確な理解がわき起こります。それはただ、過去に為された悪だけでなく、そもそも私たちにこの罪を犯させた意識状態があれば、私たちが再び罪を犯す可能性があること、そしてもしその意識状態が存在していないことに気づくなら、私たちはそのとき「死んで」、神霊から再び生まれたのです。そのときは、私たちは神のところへ戻って、赦しを請うことができます。

今回、神は言います。「私はもはやあなたが誰かさえ知らない。私はあなたの中に赦すべき悪を何も見ない」

これが赦しの本当の考え方です。実際には赦す神はいません。憤慨、怒り、嫉妬、悪意、その他何であれ、そういった罪を犯しうる意識状態が「死ぬ」とき、赦すべきものも赦すべき人も何もなく、思い出や記憶さえ――「煙の臭い」さえないのです。

私たちが略奪している間、天国から私たちを眺め、私たちを赦してくれる何かの神がいると信じることは、まったくの作り話です。確かに私たちは自分の罪を告白し、即座に赦されることができますが、しかし今から一時間後、その罪が再び始まったらどうでしょうか？　マスターはそれに対して鋭い答えをもっていました。「もう罪を犯してはいけない。何かもっと悪いことが、あなたの身に起るかも知れないから」（ヨハネ5章14）。私たちが不純さをもって罪を犯す道を行くことを赦しながら、それからやさしく「私はあなたを赦す」と、私たちに確信させてくれるそういう神を、イエスは教えませんでした。

私たちが自分の意識の中で実際に間違った思考や行為を放棄する場所に到達し、自分の犯した間違い、やるべきことをしなかった間違いを告白し（必ずしも外に向かって告白する必要はなく、内部的に告白し）、自分はもう二度と同じ間違いをしないという深い悔恨の感情を感じるたびに、私たちは雪のようにその罪が洗い流されるのです。私たちがそれを間違いだと認め、捨て去れば、何にもけっして束縛されません。私たちが自分の間違いに関して、内なる悲しみの場所に到達するたびに、赦されるのです。それでその話は終わりますが、その悲しみは、「もう罪を犯してはいけない。何かもっと悪いことが、あなたの身に起るかも知れないから」という命令を持ち運びます。一人の人が別の人を赦すとか、神が私たちを赦すということは、実際ないのです。ただ、善と悪を受け入れ、その前提から行動した意識の状態に対して、「日々死ぬ」ことがあるだけです。そして、その古い意識が浄化され、完全に「死ぬ」とき、私たちは神の中で本当の完璧な自己の場所にやって来ます。そしてそこでは、私たちは次のことを知っています。「わたしと父は一つである（ヨハネ10章30）。父がお持ちになっているものはみな、わたしのものである（ヨハネ16章15）。わたしは神の子、神の相続人であり、神の中においてキリストと共同の相続人なのである（ローマ人への手紙8章17参照）」

それから私たちは、この世界の他の人たちがもっているもので、私たちがほしいものは何一つないという新しいヴィジョンをもって、全世界を眺めることができます。私たちに罪を犯すことができる人は誰もおらず、私たちは誰のことも非難や批判や判断の中に束縛しないことでしょう。なぜなら、そういった罪を犯させる意識状態は、実際はその人のものではなく、外から押し付けられたものだということを、私たちは知っているからです。「押し付けられた」ということで私が言わんとしていることは、世界的信念と無知の影響の元にあるということで、それが人間を特徴づけるのです。

私たちが「わたしと父は一つである」ことに完全に気づくとき、そして私たちがもはや人、場所、物、状況や状態を望まないとき、私たちは神霊から再誕生したのです。私たちは清められます。なぜなら、その意識状態に入るためには、私たちは罪に陥る可能性のある欲望を何一つ持ち運ばないからです。私たちを赦すのに神は必要ではありません。必要なことは「**死と再生**」であり、この新しい意識状態の中では、私たちは赦しを必要としません。なぜなら、どんな罪もないからです。

神の中で私たちの自己は完全であると目覚める意識状態に到達するとき、そのとき私たちは欲望や必要の何の痕跡もなく、完全なる充足感を実現して、本当に生きることができます。そして、私たちと私たちの存在の内なる源泉との間に何の障害もなくなります。つまり、批判、非難、判断という障害、あるいは満たされない望み、強欲、怒りという障害、そういったものがまったくなくなるのです。ただあるのは、私たちは父とすべての人類とともにあって、平和であるという理解だけです。

そのように私が瞑想を続けるにしたがって、別の質問がマインドにわき起こりました。「私は人間的なものすべてに対して**死んだ**のだろうか？　もし私が人間的なものに対して死んだなら、赦しは完璧である。しかし、私がまだ死んでいないなら、私が神の中での自己完成に目覚めるまで、私は**死に続けなければならない。**私は自分自身を称賛して、『私は純粋である』と宣言はできないかもしれないが、次のような程度のことは私にもできる――私は向きを変え、ハートを開いて、自分や自分のもの――私個人、私の家族、私のコミュニティ、私の国、そして世界――に向けられたあらゆる攻撃を赦し、そして完全な赦しの感覚を享受する」

その理解と一緒に、私は平和と静寂の中に落ち着き、数分後、私はメモを書くためにベッドから飛び起き、次の数時間の間、四回も起きてはメモを書き、それは二つの講演原稿になりました。その講演原稿は、平和なハートとマインドから出てきたものでした。何の障害もない──誰かに対する何の赦しも、何の罪も、何の非難もない──ただあるのは、純粋なヴィジョンだけであり、その純粋なヴィジョンの中に平和がありました。ですから、赦しという話題は、私たちの人生において重要であることを、私は今では知っています。何度も何度も、私たちは赦して、赦して、赦さなければなりません。そして、誰のことも批判、非難、善悪の判断の中に束縛してはいけません。マインドの中で自分の仲間への善悪の判断を享受しているハートは、平和ではありません。私たちがキリストの次のメッセージを完全に実現するまでは、マインドや魂の平和、あるいは他の平和を求めても無駄です。そのメッセージとは、「私たちを攻撃した者を七〇×七回赦し、また私たちの負債が赦されるように、私たちに負債のあるものを赦す」（マタイ18章22、マタイ6章12参照）ということです。

私たちは自分自身の内部に障害を蓄積することで、神の王国が自分の内部に確立するのを妨害しているのです。その障害とは、人々や状況の善悪を判断することであり、また私たちの中にまだ残っている、感覚的欲望だけではなく、善きものだと考えられている欲望さえも障害になります。こういったすべてが私たちのマインドで活動しているとき、それらのせいで、私たちが希求する私たちの本質（私たちはすでに本質です）に目覚めることから、私たちは切り離されるのです。

言い換えるなら、神の恩寵は私たちが達成する何かではありません。神の恩寵は、私たちが稼いだり、それに値したりする何かでもありません。神の恩寵は、アブラハムより以前から、初めから、私たちの中に植えられていたものでした。それはただ私たちの中で機能するのを待っているだけです。しかし、私たちが自分の本質的善からの分離感覚を享受している間、それは機能することができないのです。私たちが完全に赦し、赦され、清浄な祭壇に行けるほど自分自身を浄化するまでは、私たちが調和を知る機会はけっしてありません。

毎日、一定の時間をとって、私たちが誰をも罪に束縛していないこと、誰の苦しみも、誰が罰せられることも望まないことを意識的に思い出すべきです。赦すとは、「もちろん、私は誰にも危害が来ることを望みません」というような決まり文句で満足する以上のことを意味しています。それはそんなに単純ではありません。それはすわって、どんな敵が現れようとも、それに直面し、理解することです。「父よ、彼の罪を赦し、彼が見えるように、彼の目を開いてください」

もし罪を犯した人を赦すなら、その人がまた同じ罪を犯す自由を与えることになると恐れて、罪人の罪を赦すことを躊躇する必要はありません。確かに、それはその人を自由にしますが、その自由には罪を犯したいという欲望からの自由も含まれます。誰かが本当の赦しを受け取って、それから罪を犯し続けることは不可能なのです。

父よ、私はあなたのところへ清浄な手をもって向かいます。誰をも義務に束縛せず、誰をもその犯した罪で罰に束縛しません。私に関するかぎり、父よ、あなたがその人を赦してくださることを望みます。その罪が何であれ、それは過去ですから、それを終わらせ、忘れ去られるようにしてください。もし彼が七〇回罪を犯すなら、彼を七〇回赦してください。

私はどんな復讐も報復も望みません。私はただあなたの目の中でふさわしくなるように、あなたの愛と恩寵のための純粋な道具として、自分自身を維持することだけを求めます。

意識的であれ無意識的であれ、私に対して罪を犯したあらゆる人を私は赦します。そして、その赦しを、私の宗教、政治的信条、あるいは国家的忠誠心に対して罪を犯したすべての人たちにまで拡大します。私は、神であるあなたが彼らを赦すことを祈ります。

人間的には、私に義務と愛の負債を負っている者たちがいます。私は彼らをもまた赦します。今後は誰も私に何も負っていません。人間関係の義務さえも。彼らが愛から私に与えてくれるものを、私は喜んで受け取りますが、義務の問題としては、私は何も期待しませんし、それを誰にも期待しません。私は自分の友人たち、親戚たちを、そしてあらゆる人を手放します。彼らは私に何も負っていません。あなたが示してくださるやり方で、彼らに奉仕するのは私の特権であり、喜びです。

私は自分自身を空っぽな道具として提供します。ですから、私を使ってください。

16章　天にいますあなたがたの父の子となるために

山上の垂訓の中で、「自分の隣人だけでなく、自分の敵も愛せよ」という教えほど、私たちに挑戦を与えるものはありません。私たちがその命令にどう反応するかは、次の質問への私たちの答えにかかっています。「二つのパワーがありますか？　神のパワーの範囲の外に何かや誰かがいますか？　私たちはどれほど偉大な神をもっているのでしょうか？　私たちは神にどんな制限を課しているのでしょうか？　神は通りの向こう側ではなく、こちら側で機能している、と私たちはどの程度信じているのでしょうか？」

マスターによれば、「地上のだれをも、（自分の）父と呼んではならない。あなたがたの父はただひとり、すなわち、天にいます父である」（マタイ23章9）からです。それゆえ、誰もアメリカ人、イギリス人、ロシア人の父、白人、黒人、黄色人種の父などもっていないのです。東洋の父も西洋の父もいないのです――たった一人の父しかいません――それは、天にいる父で、その父は私たち一人ひとり、そして存在するすべての創造原理であり、統治原理です。

この原理に無知であるがゆえに、自分自身についての真実をまだ知らず、それゆえそれを実証できない人たちがいます。しかしだからといって、私たちが彼らについての真実を知ることができないわけではありません。もし私たちが祈るために祭壇に行き、すべての人が神の子で、それゆえ兄弟であることをまだ自分が受け入れていない、とハートの中で知るなら、自分のために祈るのをやめて、祭壇から立ち上がって静かにすわり、次のように自分の内側で決意するほうがいいのです。「神と触れ合いたいと思う前に、自分の兄弟と和解しなければならない」

一人の人を人間であると考えることを慎み――つまり、彼の両親、彼の教育、彼の成育環境と今生きている環境、そして彼の現在の不調和や調和の元となった他の要因の蓄積を考えることを慎み、存在するすべては神から出現し、存在するあらゆる人が神の中で生き、活動し、自分の存在をもっていることを理解しながら、自分のマインドを神に置いているかぎり、その程度に応じて、私たちは自分の隣人を愛するのです。たとえ、その人が敵であっても、です。

確かに世の中には、私たちと同じくらい罪を犯している罪人がいるだけでなく、現在のこの瞬間の私たちよりはるかにひどい罪人もいます。彼らの中には、スピリチュアル的救済はおろか、人間的再生さえもほとんど不可能に見える人たちもいることは認めましょう。しかし、私たちに関するかぎり、神が人間の唯一の父であり、魂で、神霊なのです。

スピリチュアル的に健康で調和がとれ、完全であり、地上で神の王国を享受するためには、自分自身と自分のすぐまわりにいる人たちについての真実を知ることに加えて、その範囲をさらに広げ、普遍的な真実を知ることが必要です。そうすれば、私たちは一部の人たちを神から分離しているとか、神の子にはふさわしくないと判断しなくてもすみ、そのために分離した世界を作らなくてもすみます。

ここは分離した人々と物事からなる世界ではありません。代わりに、手のひらから出ている指のようなもので、見かけは分離していますが、それにもかかわらず、指は手全体の統合された部分です。手の平に起こることが何であれ、指のほうへも流れて行くのです。あるいは、それはハワイの島々に似ているかもしれません。空中から眺めれば、それらはお互いが分離している、六個か七個くらいの島に見えますが、もし水の中深く潜るなら、ハワイ諸島は実際は一つの島だということがわかるでしょう――一つの島から六個か七個が上に向かって突き出ていますが、すべて一つであり、融合しているのです。

ですから、もし私たちが表面を見通し、すべての人類のハートの中を覗き込むなら、私たちみんなが共通の神の土台の中で融合していることを、疑いもなく発見することでしょう。たった一つの共通した土台があり、その土台が神なのです。私たち一人ひとりはその一なるものの単なる一つの投影、ないし個人化されたものです。私たちが外側の人生の表面より下に潜るとき、すぐに私たちは一人ではなく、無限の源泉と接触していることを発見します――私たちはそれと一つであり、それは私たちの個人的経験として外に流れています。

もし何らかの欲しいものを得る手段としてではなく、人生の生き方として私たちが誠実に神を求めるなら、私たちは父と一つであることを発見するだけでなく、この世界の中で、神と一つでなく、スピリチュアル・センターをもっていない男、女、子供は一人もいないことも発見します。その人がどんな種類の悪漢に見えようが、どれほど悪に染まっているように見えようが、何の違いもありません。あらゆる人の中に、スピリチュアルな火花、神と融合している共通の土台があるのです。

自分に関してその真実を知ることは簡単です。自分の友人と家族についてそのように考えることは楽しく、満足することです。しかし、私たちのスピリチュアルな成長にとってもっとずっと重要なことは、自分が愛し、称賛する人たちの本当のアイデンティティだけを見ることを超えて、このことは自分が嫌っている人たちにも当てはまることだと理解し始めることです。その人の出自や人生での地位に関わらず、神はあらゆる人の創造的原理であり、父がもっているすべてのものはその人のものです。

神は個人を構成しています。そして、私たちはそのことを理解している人の存在の中にいると、平和になり、そういった雰囲気の中で生活し、働き、楽しむことができます。私たちが内側であらゆる人を人間的義務から解放し、その人をこの融合した関係の中だけに留めておくにつれて、一人ひとりが自由を感じ、その自由の中では、与えることは喜びになります。なぜなら、私たちは相手に期待も要求もしませんし、またその人を義務に束縛することもないからです。

人がそういった経験を得るまでは、神を味わった人たち同士の間にどんな愛があるのか、知ることはできません。また、そういった関係がどれほど自由かを理解し始めることさえできません。人間的レベルでは、家族への愛は、ほとんどのところ本当の愛ではまったくなく、単なる自己愛、所有への欲望です。神霊が人に触れるときだけ、人はスピリチュアルな愛を感じることができ、その愛は単に自分の家族だけに制限されず、自分の隣人まで、あらゆるところまで、敵にまで拡大します。人間的愛は完全に個人的なもので、利己的愛で、それは自分自身のために時間、お金、努力を費やしますが、めったに他人のためにそれらのものを費やしません。

しかしながら、神霊がその人に触れるとき、宇宙的愛が湧き起こり、それは対象物のない愛です――さもなければ、全世界がその対象物だと考えられます。驚くべきことですが、この宇宙的愛はすぐ身近にいる家族に人が感じている愛を深め強化します。その愛はあまりに完全なので、家族一人ひとりが所属感をもちながら、同時に、一人ひとりが神の単位であるという意味において、分離しているのです。人間の家族はそんなふうに生きることができるでしょうか？　それは非常にまれです。彼らはたえずお互いを恐れて生きながら、お互いに親密になりたいと希求します。そういった感情はスピリチュアルな愛の中には存在しません。それにもかかわらず、スピリチュアルな愛の中には、常に一緒に同じところに住んでいるという喜びがあります。

それが自分自身の家族のためのものであれ、その他の人たちのものであれ、人生にはたった一つの原理があります。それは、神がすべての存在の魂であると知ることは、神が死すべき者たちの親であることを意味しているわけではない、ということです。つまりそれは、善人であれ悪人であれ、すべての死すべき者たちは死すべき運命という信念に対して「死に」、自分の本当のアイデンティティに目覚めるという意味です。真理を知ることは、死すべき人間や状況についての真理を知ることを意味していません。真理を知ることは、神と神の創造について知ることを意味しています。真理をこのように知ることが人を目覚めさせて、死すべき運命から引き上げるのです。

あらゆる人が魂をもっています――分離した魂ではなく、同じ魂であり、神がその魂です。それは緊密に隣り合っているバラの蕾《つぼみ》のようなものです。非常に緊密で小さいので、人間の存在には認識できないほどです。この魂は肉体ではありません。それは意識であり、それが真理に触れられれば触れられるほど、まるで太陽がその蕾に届き、それを開花させるように、それはますます成長します。私たちが神霊の中で生きることができるようになるときだけ、人間の魂であるその中心を見、ときには触れることができます。私たちが肉体的実体として人を眺めるとき、本当の人を見ることはできません。

誰のことも正しく見るためには、その人の目を覗き込む習慣を身につけなければなりません。それから、その人の目の背後、その奥深くにあるものを見通すことができれば、その人の本当のアイデンティティを見て、その人の存在の現実を眺めることができるでしょう——一人ひとりの名前とは、神意識の中の登場人物に対する仮面にすぎず、神意識そのものが、それ自身を形として生み出したことを発見することでしょう。ビル、ジェームズ、ジョセフと呼ばれている仮面の背後には、たった一つの名前、G-O-D（神）しかありません。

私たちの魂と私たちが出会う人たちの魂は、たった一つの同じ魂であることを知るだけの充分な知恵が獲得されるとき、調和、平和、恩寵というスピリチュアルな関係が確立します。そしてそのとき、私たちの人生のその関係は永遠であるだけでなく、相互に恩恵があります。その一方、私たちがお互いに人間的に頼るなら、失望することでしょう。神が人の魂であり、人間のその魂がその人の善きことの源泉であると理解するときだけ、物質的生き方と物質的生活からの束縛から解放されることができるのです。

そのとき、私たちが肉屋やパン屋へ行くたびに、また仲買人や銀行家とビジネスをするたびに、また家庭や教会へ足を踏み入れたり、職場へ行ったりするたびに、キリストが内在する人、**その人自身の特質をもたない人**に出会っています。私たちは自分自身の内部で、その人は神の魂、神のマインド、神霊をもっていることを知っているからです。

誰かが私に助けを求めに来るとき、私はその人の人間的アイデンティティに気づきません。もちろん、一人の人がここにいることは認識しますが、私が見る唯一の人は、その人自身の特質をもたない人です。つまり、その人が現在の瞬間にそれを顕現していてもいなくても、その人がもっている特質は神のものなのです。

以前私は刑務所でワークをしたことがありました。私は彼らを、泥棒、殺人、その他様々な犯罪を犯した人として刑務所に収監されているとは、けっして見ないことを学びました。私にとっては、彼らは罪を犯した囚人ではありませんでした。彼らは人間であり、私が自分のところへ来る生徒たちの過去に触れないのと同様に、囚人たちの過去にも触れませんでした。私の生徒たちが自分自身を知るよりも私のほうが、何が彼らを構成しているのかをよりよく知ることがあります。それと同様に、私は何がこれらの囚人たちを構成しているかを知っていました。

なぜなら、彼らは自分の人間的過去の一部は善で一部は悪で、一部はどちらでもないと考えながら、いまだにその人間的過去に浸っているからです。しかし、彼らはまったくそれらではありません。それは、彼らが自分のマインドの中で創り出した人物像であり、生前からのある種の影響、家庭生活や子供時代の初期の環境、学校生活、そしてのちに世の中での個人的経験によって形成されたものです。こういったすべての影響がその人ではなく、その人の誇張されたイメージを形成したのです。

それはローレンス・オリヴィエ（イギリスの俳優。一九〇七〜一九八九）がハムレットであると信じるようなものです。彼は単にデンマーク人の衣装を着て、化粧をすることでその登場人物と一体化しただけです。これらすべての飾りにもかかわらず、彼はローレンス・オリヴィエですが、もし観客が非常に幼く、初めて劇場に来たとすれば、ハムレットの衣装を着ているこの人は実際にハムレットだと信じるかもしれません。一方大人であれば、最後の幕が降りるとき、ハムレットからすべての化粧が抜け落ちて、彼は再びローレンス・オリヴィエになることを知っています。

私たちに関しても同じことが言えます。私たちはみな人間的特徴をもっています——ある特徴は善く、ある特徴は悪く、ある特徴は善でも悪でもなく、ある特徴は私たちがお互いの中に称賛するもので、ある特徴は私たちが嫌いなものです。しかし、それは私でもあなたでもありません。それは私たちが生まれたときから築き上げてきた仮面です。それは世界に対する私たちの贈りものです。それは私たちが何らかの理由で演じている役です。しかし、私たちがそれをわきによけることができるなら、もしカーテンコールのようなものがあって、自分の控え室へ行き、すべての化粧を落とすことができるなら、私たちは自分自身の特質を何ももたず、ただ神の特質だけをもっているものとして、自分自身を見ることでしょう――他人に褒めてもらうことを期待するような善い特質も、他人に非難されるべき悪い特質も、私たちは本当はもっていないのです。

人間としては、私たちはスピリチュアルではありません。形而上学では、「私たちは完全だ」と教えられてきたかもしれませんが、私たちは完全ではありません。人間としては、私たちはそういったものではないのです――私たちは人間です。あなたは一人の人で、私も一人の人ですが、仮面の背後は神で、神が私とあなたの本質を構成しています。

誰にも善の特質を授与しないように注意しましょう。人間は誰もスピリチュアルではありませんし、完全でもありませんし、善人でもありません。人間は一人の人、一人の男、女、子供です。しかし、彼または彼女の本質は、神であるすべてです。ですから、「彼」、「彼女」、「あなた」という言葉を使う代わりに、私たちは「神」という言葉に戻り、神の本質とは何かを見て、それから、その人の本質に目覚めるのです――目に見えない神が、神として目に見えて外側に顕現したもの――父なる神と子なる神が一つなのです。

あらゆる人が自分の本当のアイデンティティを隠す仮面をつけています。事実、persona（人）というラテン語は「仮面」を意味します。しかし、人がその人間的仮面を取り去るとき、神であるものがすべてその人であることを発見するのです。人間的特徴である善と悪、美と醜、金持ちと貧乏、上と下、高いと低いがその目覚めの中で消えます。「ここに、神がその完全さと調和を表現している個人的存在があります」。私たちがそのように人を眺めて、次の瞬間にその人が私たちの財布を盗んだという事実があったとしても、それでもその人のアイデンティティの真実は変化しません。ただ、その人が単に自分の本当のアイデンティティにまだ気づいていないことを、証明しているだけです。

私たちは自分自身にも世界に対しても次のことを負っています――誰のこともその肉体によ

って知らず（「だれをも肉によって知ることはすまい」（コリント人への第二の手紙5章16）、相手が私を知るようにあらゆる人を知り、友人、敵を善と悪に帰属させることをやめ、その人の過去、現在、可能な未来についての人間的物語について考えることをやめ、ただその人を人として眺め、その人の本当のアイデンティティの中で見ることです――「神はこの個人の魂で、マインドで、知性です。この個人として、それ自身を表現しているのは神です」。その人の本当の自己をこのように認識すること以上に、この世界の中で人間の魂が望むことがあるでしょうか？

最初のうちはまた、これはあまりに非個人的すぎると感じるかもしれません。しかし、まったくそうではありません。それは本当に誠実になることです。なぜなら、この原理を実践することで、私たちは人々をありのままに眺めるからです。ペテロがイエスに、「あなたこそ、生ける神の子キリストです」（マタイ16章16）と言えたのは、彼が人間的外見を見通し、イエスを生かし、世界の救世主と指導者にしているものが何かを見ることができたからです。外側の印では、イエスは大工であり、ユダヤ教の先生でしたが、ペテロはスピリチュアルな識別力があったので、外見を見通し、実際は人間イエスとして機能しているのは、キリストであることを認識できたのです。

しかし、私たちがマスターをその光の中で見ながら、そこで止まるなら、私たちは自分の実証を失ってしまいます。なぜなら、キリストによって生かされているのはイエスだけではないからです。私もあなたも同じなのです。事実、世界の中の誰一人、「父なる神、子なる神、聖霊なる神」と言われえない人はいないのです。

スピリチュアルなアイデンティティにおいて、神の子でない人は一人もいません。とはいえ、人間的風景の中では、それは明白からはほど遠いことです。人間が自分の日常生活を生きているときは、神の統治の元におらず、神を喜ばすことができない肉体の人間です。ですから、人は混乱し、困惑し、挫折し、不調で、しばしば困窮するのです。しかし、神の子供たちはそうではありません。彼らは世界の問題に巻き込まれません――神の子供たちは自由なのです。神の子供たちはすべての善悪の判断を放棄し、あらゆる外見と見かけに関する次の真実を、自分のマインドの中で確信している人たちです。「これは善でも悪でもありません。これは人です。これは善でも悪でもありません。これは花です。これは絵で、これは絨毯です。それは善でも悪でもありません。なぜなら、**神だけが善であり、悪はこの世界の催眠にすぎない**からです」。人がこう確信できるとき、彼は地上の人間から神の子へと移行したのです。

疑いもなく、この世の中には私たちが好きではない男女がいるものですが、何らかの移行や回心の瞬間に、彼らの過去が拭い去られ、突然彼らは新しい人になります。彼らは同じに見えます――彼らは同じ目、耳、鼻、口、足、体をもっています。ですから、何か変わったことが彼らに起きたことに、私たちはしばしば気づきません。なぜなら、その変化は内なる変化であり、それは意識の変容として起こったからです。

変容は何らかの天空的世界へ運ばれるとか、天空的肉体に変容されることによって起こるのではなく、次のことを認識する意識の変化によって起こるのです。「私は一人の人ですが、神が私の存在の創造的原理なので、神であるすべてが私です」――「父がお持ちになっているものはみな、わたしのものである」（ヨハネ16章15）。

地上の人からキリストの人へ変容することは、別の世界の出来事ではありません――**ここは神の世界です。**今ここがエデンの園です。もし私たちが自分の判断――称賛と非難、善と悪を差し控えることができるならば、この世界よりよい場所はありえないでしょう。こここそ、あらゆる預言者たちが達成を夢見てきた世界です。しかし、人が善悪の知識によって催眠にかかっている間は、誰もエデン的状態に達することはできません。あらゆる批判と非難だけでなく、すべての称賛さえ放棄して初めて、その結実として、こういう状態がやって来ることができます。

私たちが一組の正反対の物事の催眠下にもはやいないとき、世界は私たちを奴隷化するパワーをもちません。この世界は、私たちが善悪への信念を放棄する程度に応じて、克服されるのであって、世界それ自身の中には実際に何の変化もないのです。世界はまったく同じように見えます。その大きな違いは、私たちが世界を古いやり方で見ないということです。私たちにとっては、世界に異なった光が差し込んでいます――私たちは今、異なった視点、異なった展望をもっています。人々は同じです――同じ店員で、同じ夫で、同じ妻で、子供です――それにもかかわらず、私たちが人間の魂の聖なる本質を認識する瞬間に、全ヴィジョンが変化するのです。変容は私の中で起こったのです。

世界的催眠がこれらの無常の見かけ以外何ももたらさないとわかるとき、私たちはもはやそれらと戦わないことでしょうが、次のことを理解するでしょう。つまり、どんな催眠術師もただイメージしか生み出すことができないこと、そしてこの世界的催眠術も今までに一度も男、女、子供を生み出したことがなく、また一度も罪も病気も生み出したことがなく、ただ幻想的イメージだけを生み出してきたことを。そのイメージに対して、男、女、子供、罪、病気、死という名前が与えられてきたのです。

　私たちが世界的催眠術、ないし二つのパワーへの信念を自分自身やあらゆる個人から取り除くとき、私たちは自由です。その日、自分の額に新しい名前が書かれることでしょう――それは三つの文字からなる言葉で、読むために二つの言葉に分けることができます――「私は在《あ》る」（I Am）。これが真実です――「私は在る」。私が在ったでもなく、私は在るだろうでもないのです。今この瞬間に私は在る。私たちが「私は在る」としての自分自身に目覚めるとき、その**「私は在る」最中**（I Am-ing）が継続的状態になり、**永遠の在る最中**（Is-ingないしAm-ing）になり、催眠が消えるのです。

　この原理はどのように私たちの人間関係に当てはめることができるのでしょうか？　もっと具体的に言えば、こういった聖なる神の子の性質をまったくかほとんど表現しない人々に、どう当てはめることができるのでしょうか？　それをするために、自分の人生でもっとも厄介な人、取り除きたい、改善したい、矯正したい、変えたいと私たちが考えている人、偽五セント硬貨と喜んで交換したい人を例として考えてみましょう。まず、その人がどこに存在しているか見てみましょう。まず第一に、私たちのマインド以外で、どうやってその人が自分が判断するような人だとわかるのでしょうか？　私たちが見ている人は実際のその人でしょうか？　それとも、私たちのマインドの中にあるものは、その人についての私たちの観念、つまり、その人についての私たちの意見ないし思考ではないでしょうか？

今この瞬間、もし私たちが静かにこの本を読んでいるなら、私たちを困らせたりイライラさせたりする人はおそらくいないはずです。しかし、私たちがその人に悩まされ続けるとしたら、それは私たちがその人についての観念を享受していて、私たちの中で葛藤を引き起こしているのは、その観念なのです。もし私たちが人に悩まされるなら、その人に対する私たちの観念が完全に間違っていると確信できるでしょう。なぜなら、その人の本当のアイデンティティは、自分自身を地上で表現している神だからです。私たちが間違った証言をしているのは、まさに神のキリストに対してなのです。ですから、罪人なのはその人ではなく、あなたなのです。なぜなら、私たちは神の似姿に対する間違ったイメージを享受することで、その人に対して偽の証言をしているからです。そのイメージはその人の実際からあまりにかけ離れています。ですから、私たちがその人を見るままにその人のイメージを描いて、それをその人に見せたなら、その人はけっしてそれが自分だとは認めないことでしょう。

　おそらく同じことが、この世界で私たちを知るたいていの人たちにも当てはまります。もし彼らが私たちについて思っていることを書き出したなら、私たちはそれをけっして自分の描写だとは認めないことでしょう。もし彼らが私を愛しているなら、それはあまりに素晴らしすぎるイメージとなることでしょう。反対に、彼らが私を嫌いなら、それはあまりにひどいイメージとなることでしょう。私たちはこういったことを知っていますね。しかし、私たちは今まさに同じ間違いを犯しています。非常に素晴らしい、と私たちが好意をもちすぎている人は、人間的にはそれに値しないのです。そして反対に、私たちが偽の証言をしている人も、それに値しないのです。

　誰かについて私たちが信じている善性、そしてまた別の誰かについて私たちが信じている悪を忘れて、スピリチュアルな真理の本質を見ましょう。私たちにもっとも不愉快に見える一人の人を取り上げて、これをおこなうことができます。私たちがその人について最初に発見することは、その人の両親について間違えてきたということです。なぜなら、神がその人の父だからです。その人がどんなものを受け継いでいるにしろ、それは神のものであり、どんな人も受け継ぐことができる唯一の特質は、神が自分の似姿でその人に授与した特質だけです。それには、生命、愛、真理、正義、慈悲、誠意、寛大さ、善意が含まれています。神自身の特質は神から神の子供たちへ授与された贈りものなのです。

神は個人の存在を構成し、それゆえ、神の恩寵はこの人の上に注がれ、神はその人を自分自身の特質で満たします。人は神の家族の一員として神の家庭の中で生き、活動し、自分の存在をもっているのです。それがその人の個体性であり、真実の存在です。

神の創造についてのこの真理が、私たちがあらゆる人に対して享受してきた、あらゆる人間的観念をも解消します。なぜなら、真理を知るにつれて、私たちが自分の思考の中に築き上げ、私たちをかきまわし、悩ませてきた間違ったメンタルな観念がしだいに解消されるからです。次にこのやっかいな人と目を合わせるとき、私たちからその人へ愛が流れ始めることでしょう。なぜなら、私たちはもっとありのままのその人を見るからです。私たちがその人のありのままを眺めるとき、その人の似姿に満足することでしょう。

人間の人格、人間の肉体、人間の財政状態、人間の苦悩と美徳――こういったすべてが忘れ去られなければなりません。そして、霊的認識力をもつ者はそれを超えて見て、こう理解しなければなりません。「この人は人であり、この人の存在の現実は神です」。そういった理解がその人を、その本当のアイデンティティに目覚めさせ、その人を束縛する全幻想感覚を消し去るのです。

私たちが知りつつある真理は一人の人間についてのものではなく、神についてです。というのは、神がこの個人として現れているからです。私たちのマインドは私たちを騙してきたのです。私たちは観念を受け入れ、それらを信じてきたのです。しかし今、これらの観念はメンタルメンタルなイメージにしかすぎないことを、私たちは見ることができます。私たちのマインドの中のなイメージは、実際はけっしてその人であったことは一度もありませんでした。それは私たちが築き上げたメンタルな観念で、私たちは自分が創造したその観念を嫌ったのでした。私たちが自分のマインドの中のイメージは真実ではない――それは実体でも現実でもないと知るとき、創造的原理として神を受け入れ始めることができるのです。そのとき、なぜ隣人だけでなく敵をも愛せ、と私たちは教えられてきたのかを理解することでしょう。私たちのハートの中で、この人に言うことができます。「私はあなたが誰だかわかっています。あなたは神の子、キリストです（マルコ1章24参照）。私の内なる父がこのことを私に示してくださいました」

17章 あなたがたの父は、ご存じである

腕力によるのでもなく、パワーによるのでもなく、神の恩寵による生き方があります。しかし、私たちが自分の欲しいものとそれをどのように手に入れるかを決めるとき、そして、神を教育して、神がどのように仕事をするべきかを神に教えるとき、自分自身を神よりも偉大な知恵と知性をもっているものとして確立し、そのため神の恩寵の流れをブロックするのです。

もし私たちが神の性質を理解するなら、私たちや私たちの物事に関するどんなことも、神に思い起こさせることはけっしてしないでしょう。また、「これらのものがことごとく（私たちに）必要であることをご存じである（マタイ6章32）」という全知の知性と愛の特権を侵害しよう、とけっして誘惑されないことでしょう。

神に何かを頼むことは、私たちが神を知性と愛であると理解していることを示しているのでしょうか？　それとも、そういった依頼は、神が何かを私たちから差し控えている、と私たちが信じていることを暗示しているのでしょうか？　これらのものがことごとく（私たちに）必要であることを、私たちの天の父がご存じであることを直接確信するとき、食べ物、衣服などこの世の何かについて本当に心配できるでしょうか？　イエスは私たちに、自分の命について、何を食べ、何を飲むべきかについて、また自分の体や自分が何を着るべきかについて心配するな、と教えたのではありませんか？

神の存在の中に生命の充満があり、私たちと神の豊かさを分かち合うことは、神の大いなる喜びであるという約束があるのに、なぜ私たちはパン、ワイン、水、衣服、仲間、お金、資本を求めるのでしょうか？　神の無限さゆえに、存在するすべてはすでに遍在しています。ですから、神が私たちに何かを与えたり、送ってきたりすることは不可能なのです。神は私たちにリンゴや自動車を提供することはできません。神がリンゴであり、神が自動車なのです。

神**と**何か、というようなものはないのです。この理由によって、私たちが為すべき実証は神の存在を実証することだけです。神の存在を実証すれば、私たちは永遠の命を、無限の供給、友愛、平和、喜び、保護と安全を実証したことになるのです。神の存在の中では、生命の充満があり、何も欠けることがありません。私たちが神の存在を経験するとき、神が善として、衣服として、家として現れるのを経験します。しかし、たった一つ条件があります――それは**神の存在を経験する**ことです――意味のない肯定的宣言とか、口先だけで聖典の深い真理を唱えるのではなく、神の存在を経験することです。

神がいるところには充実があります。その遍在に目覚めることで、すべての物事はすでに存在しているのです。神は、神「として」現れているこの世界の無限で永遠の性質を維持し、支えるために常に機能しています。神は日々のマナ（神から奇跡的に与えられる食物――出エジプト記16章参照）として現れます――**「私」**は生命のパンなのです――それは、「私はいつかそれをもつだろう」でも、「私はそれをもつべきだ」でも、あるいは、「私はそれを実証するだろう」でもなく、「**今、『私』はそれである**」、ということです。内部のこの**「私」**が、日々のパンとして私たちのテーブルに現れるのです。それは外側では交通手段とか衣服として現れます。時が始まる前の最初から、神は私たちにご自身を与えてくださったのです。そして、神がそう与えてくださったことで、無限が私たちに贈与されたのです。

しかしながら、次のことは認めざるをえません――人間は物質的生存の感覚をもっているため、自分が出かけて、額に汗して生活費を稼がなければならない、自分にお金を引き寄せなければならない、お金のために労働しなければならない、他人と競争しなければならないという信念を、間違って受け入れたことです。言い換えるなら、人は物質主義者なのです――何かを得たいと望む者、自分自身に付け加えたいと思う者、獲得し、達成したいと思う者、そういった人のことです。反対にスピリチュア的な生き方に人生を捧げている人は、それが名声であれお金であれ、世俗的物事を蓄積することにまったくかほとんど興味がありません。なぜならその人は、「父がお持ちになっているものはみな、わたしのものである」（ヨハネ16章15）と知っているからです。

物質世界は人間の希望と恐れという不安定な土台の上に築かれています。しかし、「主はわたしの牧者であって」（詩篇23篇1）を知るとき、神がこの地上の個人的存在としてのご自身を満たしているという真理の栄光以外、私たちは何も求める必要がありません。神は神霊です。ですから、私たちの祈りと関心がスピリチュアルな目覚めだけに向かうとき、私たちは世界の物質的観念を放っておき、神霊の世界は異なる世界、新しい世界であることを理解し始めます。その世界では、神の恩寵のおかげで、私たちのすべてのことが満ち足りるのです。

私たちは恩寵をどのように語ることができるでしょうか？　それは「神の贈りもの」と呼ばれてきました。しかし、神は私たちに与えるべきたった一つの贈りもの、ご自身しかもっていません。私たちの人間的知恵では、神の恩寵が何なのかを知ることはできません。私たちがそれを捻じ曲げて、人間の言葉と人間的解釈にしようとしているかぎり、神の汚れなきスピリチュアルな恩寵はけっして理解できないことでしょう。

神の恩寵は私たちが知らないやり方で、考えたこともない方向で、けっして知らない形態で、あるいはもし知っているとしても、そんなことが自分の経験になるなんて、夢見たことのない形態で展開します。それぞれの場合で、神の恩寵は個人に合う展開となるのです。つまり神の恩寵は、バラが嫌いな人のところへは、バラの形態では現れないことでしょうし、海辺や山の上の小さい家で暮らして充分満足している人のところへは、世界旅行の切符として現れないことでしょう。神の恩寵はスピリチュアルな活動として流れます。それは私たちの人間的物事を、私たちがけっして概観も想像もできないやり方で統治しているのです。

私たちが神の恩寵という話題を熟考するにつれて、この世的思考や物事から独立しているという感覚が成長します。仮に自分の人生に、自分のところへ何かをもってきてくれる知り合いが一人もいなくても、朝には必要なすべてが提供され、これは神の恩寵を黙想することを通じておこなわれている、と私たちは感じ始めます。

もし私たちが神の意識に到達するなら、神しかいないことを発見します――神が花として、テーブルの上の食事として、クローゼットの衣服として、調和的な人間関係として、私たちのマインドと肉体の完全なる機能として現れているのです。戦ったり、奮闘したりしても、このことは起こりません。この経験をもたらすのに必要なことはただ、私たちが刀をしまい、静かに立ち、主の救済を見ることだけです。

私たちをけっして去ったり見捨てたりしないこの存在との内なる交感以上に、この地上で達成するべき高い目標はありません。それは私たちに食料、衣服、家を送ってきません。この存在が食料で、衣服で、家です。それは私たちを要塞や高い塔へ連れて行きません。この存在が実際に**要塞であり、高い塔**なのです。神が何かを送ることはありえません――神は自分自身以外、何も与えることはできないのです。

神の遍在への目覚めが達成されるとき、心配、恐れ、欠乏、制限からの自由があります。もし何か必要なときには、内側に引きこもり、この存在と触れ合えば、適切な時期に、私たちの経験にまさに必要な形態で、それが外側に現れることでしょう。

私たちが人間的力とパワーと、人間的意見と批判を放棄する意識のこの場所に来るにつれて、目には見えないけれど、それにもかかわらず、それを経験する人には感じられる**聖なる恩寵**が引き継ぐのです。私たちはこの超越的神霊を見ることも聞くことも、味わうことも触ることも嗅ぐこともできません。それでも**それ**はここにあり、**それ**は今あり、私たちは**それ**を感じ、**それ**を知るのです。私たちが人間的権利と人間的意志や願望を手放し――善き願望さえも――絶対的に自分自身を神の意志に明け渡すとき、まるで真空があるかのように、神霊が突然流入します。

そして、神霊が引き継ぐとき、**それ**が私たちの体の隅々、あらゆる筋肉から爪に至るまで通り抜ける躍動を私たちは感じることができます。私たちは宇宙のリズムと一つになり、すべてはうまくいきます。父がお持ちのものがすべて、今、聖なる恩寵として私たちを通じてこの世界へ流れ出るのです。そして、それは私たちのものであるすべてを、私たちに所属するすべてを私たちにもたらしてくれます。

ですから、私たちはこの世の物事について心配する必要がないことを知ります――私たちは攻撃したり、あるいは防衛したりして、この世の物事のために戦う必要がありません。私たちはただ静かに立ち、何も考えないのです――ただ受容的になり、神の思考が私たちに流れ、私たちを充満させるのをゆるすだけです。そのとき私たちの仕事は完成します。

ただし、次のことはあなたに注意しておかねばなりません。神霊はけっして**私たちのために**働いているのではない、ということです――私たちが譲り、自分自身を、自分の思考さえも明け渡すとき、神霊が私たちの中で、私たちを通じて働くのです――そうすれば、神が私たちを引き継ぐことができます。

ほんのわずかでもキリスト性やスピリチュアルな目覚めに到達した人たちは、この世界に生きてはいますが、この世界に所属してはいません。彼らは、人間的生活の罪、病気、苦しみ、欠乏をほとんど知りませんし、個人的意味での悲劇にまったく影響されません。彼らはこういう物事が存在していることに気づいていますし、神と触れ合っているので、他人を助けることはできます。彼らは多くの人たちに食料を与え、癒し、慰めることができます。しかし彼ら自身は、人類という種が非常に必要だと思っている供給や慰めを要求しません。彼らは、個人的力と願望を明け渡し、神の愛と神の恩寵と神の統治を、彼らの人生のすべてとして受け入れたからです。

18章　あなたがたは、世の光である

あなたがたは、世の光である。山の上にある町は隠れることができない。（マタイ5章14）

また、あかりをつけて、それを枡の下におく者はいない。むしろ燭台の上において、家の中のすべてのものを照らさせるのである。（マタイ5章15）

そのように、あなたがたの光を人々の前に輝かし、そして、人々があなたがたのよいおこないを見て、天にいますあなたがたの父をあがめるようにしなさい。（マタイ5章16）

私たちは自分の光明（目覚めと理解）の程度に応じてこの世界の光となります。生徒たちの中には光明により早く到達する者たちもいれば、偉大な経験が彼らの元に降りて来るのに、長い時間待たなければならない者たちもいます。しかしながら、それが来るときは、実に突然です。とはいえ、それに至るまでの準備には長年の学習と瞑想が必要だったかもしれません。その間、私たちはまったく、あるいはほとんど進歩しなかったように見えることでしょう。しかしながら、私たちがその目覚めの到達に心を向けた最初の瞬間から、外側の見た目ではほとんど認識できないことですが、私たちの進歩は急速に進んできたのです。

それは山を削ることに似ています。最初の一盛りの土が山から運び出されるときから、その山全体を平にする進歩が為されているのです。しかし、山は膨大な土と石でできているので、多くの土と石が取り除かれてやっと、目に見えた進歩が為されたことが明らかになります。

私たちが人間の利己性の重さに気づくとき、無知の山を動かしつつあることを知ります。とはいえ、最初は真剣な瞑想から始めるとしても、長い間、その進歩はそれほど目に見えるものではないでしょう。しかしあるとき、それは光のフラッシュのように、私たちの上で突然爆発するように見えるのです

私たちが神霊に触れられるとき、私たちの目から輝き出す光と、満足感あふれる表情からそ

のことが明らかになります。外側でも私たちの人生は変化します。私たちの人間関係は変化し、私たちの性質は変化し、私たちの健康は変化し、私たちの体型さえ変化します――しかし、そういった変化は内なる栄光、内なる光が外側に顕現しただけです。それは内なる父との接触により達成され、そのおかげで私たちはエデンの園に再び定住することができるのです。

私たちの目的は、その光に対して透明になり――私たちではなく、その光がその強力な仕事を為すようにすることです――そして、私たちを通じて、聖なる存在が顕現し、それが天国と同じように地上でもそれ自身を表現できる道具となることです。私たちはけっして行為者ではありませんし、けっして行動する者でもありません。私たちは常に私たちを通じて神霊が流れる真空です。自分のスピリチュアルな才能によって、私たちが個人的ないしスピリチュアルなパワーに到達できるなどと、一瞬でもけっして信じてはいけません。スピリチュアルな生活の中には、利己主義や個人がパワーを行使する余地はないのです。神は自分のパワーも栄光もけっして他者には与えません。パワー、栄光、統治は常に神の中に留まっています。私たちは光が輝くための道具、その謙虚な召使ないし透明性にすぎません。

神は意識を通じてのみこの世界への入口を発見することができます。モーセ以前の世界にも同じだけの神が在りました。しかし、モーセが彼の意識を開いて、光を受け取り、神に導かれ、ヘブライの人々の解放を達成するまで、ヘブライの人々に対してはその影響はまったくありませんでした。それは、神がエジプトにいなかったわけではありませんでした――神はそこにもいました。しかし、モーセが目覚めるまで、神を受け取り、世界の中へ神を解放する意識がなかったのです。ヘブライ人が解放される前に、モーセのような人の出現が必要だったのです。

イエス以前の時代にも地上には同じだけ神がいました。しかし、イエスのような人が現れて、神の意識が彼を通じて流れたとき、初めて祝福が起こったのです――その時代だけでなく、あらゆる時代のために。海上の船の上で、もしイエスがいなかったならば、嵐は静まらなかったことでしょう（マルコ4章39参照）。確かに時間がたてば、嵐は静まったでしょうが、そんなに早くは終わらなかったことでしょう。イエス・キリストの存在があったからこそ、嵐は静まったのです。イエス・キリストの中にあって、波を静まらせたものとは何だったのでしょうか？

波が静まったのは、イエスが波に対抗するパワーをもっていたからでしょうか？　それとも彼が、人間を自由にする真理を知っていて、それゆえ静かに佇み、神の遍在とパワーがその機能を果たすようにすることができたからでしょうか？

非抵抗のパワーが明らかになる前に、イエスのような人の存在がなければならなかったのです。つまり、その人を通じて常にスピリチュアルな光が輝き、静かに佇み、神の存在とパワーが唯一の存在とパワーであることを証言できる人が、常にいなければならないのです。あらゆる時代を通じて、モーセ、イザヤ（紀元前8世紀のヘブライの預言者）、イエス、ヨハネ、パウロのような人たちの光明の結果が、それをスピリチュアル的に受け取る意欲と能力があるすべての人たちに調和を啓示しました。

彼らの成長したスピリチュアルな意識を振り返って考えてみると、こういった光明を得た者たちの影響が全世界に浸透して、平和と調和をもたらすことになっていたのではないか、とおそらく私たちは期待することでしょう。しかしながら、みんなが知っているように、こういった光明を得た偉大な指導者たちがこの地上を歩いた間でさえも、世界の大部分の人たちは大変な災難を経験していたのです。その理由は、光明を得た者がどれほどのスピリチュアルな意識に到達しても、その人は自分の意識の影響の範囲に入って来ることができる人しか、祝福を与えたり、助けたりすることはできないからです。その人が具現化した神の言葉への生きた証人になるにつれて、彼はパワーの行使を試みなくなります。その人は静寂なままで、神の活動が自分のまわりの人たちの活動に触れるのを眺めるのです。

もし私たちのまわりで災難があれば、私たちの中でこの真理を知る者がいなければ、災難がそれ自身を空っぽにするまでずっと続くことでしょう。もしそれがその行路の途中で止まることがあれば、静かに佇み、神の恩寵だけが働いていて、それ以外の何のパワーもないことを理解している人がいるはずです――完全に静かになり、波を静める神霊への証人となる人がいるはずなのです。

災難時に、私たちの左手に千人の人が倒れ、右手に一万の人が倒れていることもあるかもしれません。そんな時のために私たちにできることは、神と意識的に一つであるゆえに、こういった災難が私たちのいるところへ来ることができないことを、今この瞬間に自分の経験の中で証明することだけです。それ以外ほとんど何も私たちにできることはありません。

スピリチュアルな言葉は人間のマインドに浸透することはできません。しかし、私たちは次のことをおこなうことで、世界が戦争と病気を超越することを助けることができます――自分の家族に自分の考え方を強制したり、説教したりすることなく、自分が家族の中の光となることによって、そして自分自身の中で平和を保ち、善と悪の戦いから退くことによって、そして内側に入り、悪に抵抗しないことによって、そして人知を超えた平和が自分に降り注ぐことを理解することによって、それをおこなうのです。

もし必要なら、神霊が私たちに降り立ち、私たちの中に居住するまで、一日中、あるいは一晩中でも、椅子にすわっていましょう。それから、**「悪に抵抗するな」**の原則が自分の家族の中で実証されたあと、それがほんのわずかな程度であっても（なぜなら、私たちがそれを受容し、それに従って生きることができる能力以上に、それを実証できないからです）、私たちは戦いから上昇し、神の中で休息できることを知るのです。そして、自分たちのコミュニティにある程度の調和がもたらされることによって、私たちが神の存在を意識していることが感じられるのです。

神霊が私たちに与えられているのは、私たちがどうやって善と悪の戦いから上昇するのか、どうやって嵐を静めるのかを理解するためです――海上でも大地でも、燃えさかる火事の中でも、起こっている津波、国土を席巻する感染病や伝染病のときでも。

神霊が私たちに与えられているのは、論破することなく、否定することなく、戦うことなく、武器を使うことなく、「ここまでで、これ以上はなし」とどのように言い、どのように戦いの騒音から自分の内側に退き、静かに佇むかを知るためです。武器によって生きる者は、武器によって死ぬことを知るために、私たちに神霊が与えられているのです。それゆえ、私たちは武器をしまい、物理的武器もメンタルな武器もけっして使わないのです――スピリチュアルな武器さえも、です。現実には、私たちが物理的メンタル的スピリチュアル的に対抗すべきどんなパワーもないのです。ですから、私たちにはどんな武器も必要ありません。神霊が私たちに与えられてきたのは、私たちは神の中で生き、活動し、自分の存在を神の中にもっていることを知るためです。神の中では、暗闇も戦いもまったくありません。神霊が私たちに与えられているのは、世界のあらゆる厄災に対する最高の聖なる救済は、「悪に抵抗するな」であることを知るためです。

あらゆる時代を通じて、世界は、スピリチュアル的世界観に恒久的な貢献をした神秘家たちに恵まれていました。しかし、本書の中の教えが大衆には理解されえないように、大衆はこれらの神秘家や彼らの言葉に注意を払うだけの知恵がありませんでした。なぜなら、見たり、聞いたり、味わったり、嗅いだり、触ったりできるものしか理解できない目覚めていないマインドは、どんなスピリチュアルな教えも理解したり、信じたり、受容したりできないからです。

目覚めていないマインドはスピリチュアルな存在、ないし非パワーを理解できません。なぜなら、スピリチュアルな知恵が理解される以前に、魂の能力が開かれ、スピリチュアルな識別力が喚起されるか、目覚めさせられなければならないからです。すべての人間は眠っています——物質的メンタル的パワーの信仰の中で眠っています。そして、スピリチュアルな存在の現実と、人間が神と呼んでいる**超越的で神秘的な存在とパワー**に対しても、眠っています。

あらゆる宗教の聖典は超越的パワーが存在していることを啓示してきました。それが私たちの存在を抱きしめ、包み込み、私たちのハート・センターに届くとき、私たちをこの世界から切り離すのです。そのとき、世界を弱体化させる風邪やインフルエンザの病原体などは私たちの居住地にやって来ません。万一、一時的に来たとしても、それらはすばやく取り除かれます。アルコール中毒、ドラッグ中毒、少年犯罪は私たちの家庭の平和と静寂を損ないません。もしそれらが家庭に触れるときでも、すばやく追放されることでしょう。なぜなら、私たちはもっとも高き方の秘密の場所にどうやって隠れ、どうやって憎しみ、不正、不平等の代わりに、愛の状態で生きるのかを学んだからです。

ですから、あらゆるスピリチュアルなヒーリングは、一人の人が静かに平和に待ちながら、

静寂の中にすわる結果なのです。そのとき、その人の意識を神霊が通過し、**静寂の中**で声が雷鳴のようにとどろき、地が溶けるのです（詩篇46章6参照）。

私たちが何もないものになって、静かになることを学び、その光が私たちの中で、私たちを通じて、私たちとして行動することをゆるすにつれて、私たちはそういったものになります。武器によってではなく（刀によってではなく）、代わりに瞑想によって問題を解決する場所へ、この世界がいつかやって来るとき、神霊があらゆる状況をそう照らし出すので、ナイフもピストルも必要なくなるでしょう。

神は**神ご自身の栄光**を他者には授与しません。それゆえ、スピリチュアル的にパワフルになろうとしないでください。スピリチュアル的には謙虚になって、神の恩寵が私たちを通じて、私たちとしてその機能を果たすようにしてください。神は個人的意識を通じて機能します。そして、私たちが静かになって、静寂の雷鳴を聞くことができるようになったとき、神は私たちの意識になるのです。

真理の言葉をただ読んだり話したりしている人間は、まだ超越意識ではありません。その意識にまだ到達しないときは、意識を通じて機能しているその道具は人間です。女性から生まれた人間は死すべき人間で、ほとんど完全に神から分離し、神の気遣いや恩寵の元にはいません。しかし、いったんこの人間が超越意識に到達したら、その人はまさにキリストになり、そのあと**それ**と分離することはできません。その人はキリストと一つになり、**それ**なのです。

多くの正統的宗教ではイエスは特別な存在として扱われています。その意味とは、まるで彼の生まれつきの人間性がキリストであるかのように、彼の意識が他の個人とは異なるキリスト意識であるということです。その一方で、形而上学は、キリストとイエスがまるで二つの別々のものであるかのように、イエスからキリストを分離しようとします。しかし、イエスはキリストなのです。その二つは分離できないもので、イエスをキリストから分けることはできず、イエスがイエスであることが忘れられてしまうほどです。そして、彼は一般的にはキリストとして言及されます。

このことは、神との意識的融合を達成したあらゆる個人にも言えることです。唯一の違いは程度です。「わたしと父とは一つである（ヨハネ10章30）。また、わたしを見る者は、わたしをつかわされたかたを見るのである（ヨハネ12章45）」と言えるためには、イエスのような到達した意識の人が必要です。目覚めがそれほどの高みに到達していない人の場合は、彼らは**「私《わたし》」**から常に話します。「わたしは道であり、真理であり、命である（ヨハネ14章6）。わたしはよみがえりであり、命である（ヨハネ11章25）。わたしが命のパンである（ヨハネ6章35）。わたしはワインである。わたしは水である」。これは人間を超えた超越意識状態です。

初期の光明段階では、二つの感覚があります。ジョン、ビル、メアリーなどがいて、その人は自分の影を薄め、自分を助け、導き、指示し、統治する存在のパワーに気づいています。しかし、より高い意識状態があり、そのときには人はもはやいません。ただ**「私」**が自分自身を声で表現するだけです。

それは**意識それ自身**であり、私たちの経験の最高の瞬間に初めてやって来ます。そのとき存在は、「**私は在る**」（I Am）という唯一の存在です。モーセが人間的なものを超越して、「**私は在りて在るものなり**」（I AM THAT I AM）と言ったときがそのときでした。イエスが、「わたしが命のパンである（ヨハネ6章35）。わたしは永遠の命である。わたしはよみがえりである（ヨハネ11章25）」と言ったときが、そのときでした。

しかし、私たちがこういった頂点の高みに到達しないとしても、私たちの内部には私たちよりも偉大な何か、私たちの精神、経験、教育よりも偉大な何かが存在することを、認識できる地点にまで来たことを感謝しましょう。その何かは私たちのマインドと肉体を使うことができ、私たちが学校や旅行を通じて獲得したかもしれない知識より、はるかに偉大な知識をもっています。

これが目標です――人としては、私たちは無であるという目覚め。私たちが超越するとき、ないしこの内部の存在によって影を薄められるときだけ、私たちは何かになるのです。その意識が到達されるとき、それが奇跡を為します。それゆえ、唯一の実証はその意識に到達することだけです。私たちがこの光をもつとき、そのときには、健康、供給、仲間、家をもつことは奇跡ではありません。それゆえ、私たちの全人生は、この光、超越意識に到達することに費やされるべきです。

もし神の恩寵が私たちに触れ、自分では学習と瞑想をもうやめることができない地点に来るとき、私たちは為されうるあらゆることをやっているのです。私たちは一日を早く進めることはできません。私たちはもっと瞑想し、もっと読書したいという内なる衝動を無視することで、それを遅らせることはできますが、それを早めることはできません。それは時宜にかなって、それ自身の最適な方法でやって来るのです。

人間はこれを自分自身でおこなうことはできません。なぜなら、人間にとっては、神の言葉は愚かさそのものだからです。人間は神の言葉への時間をもたず、それに対する忍耐もなく、ときにはそれは人間への侮辱にもなりえます。しかし、読書を続け、神の言葉を聞き続け、瞑想し続けることに駆り立てられるほどの充分な恩寵に人が触れられれば、そのときには究極の実証へと導かれることでしょう。

私たちがこの神霊の中にいるとき、あるいは、それが私たちの中に意識的に存在しているとき、機能している二つのパワーはありません。つまり、別のパワーに何かをするもう一つのパワーはないのです。悪を破壊したり、悪人を善人にしたり、欠乏を豊かさにしたりする神のパワーはありません。

この意識が私たちの上にあるとき、他のパワーはないのです。そして、どんな見かけのパワーがあっても、解消されます。それは、まるでそれらが克服すべき何かであるようにではなく、無価値のものが自然に消滅するようなものです。

世界は**「私」の神霊**によって救われるはずですが、この神霊は自分自身をそれに開く人の意識を通じてのみ、作用することができます。ですから、私たちの責任とは、自分の近所とコミュニティの調和、あるいは国家の調和がよって立つことができる、スピリチュアルな岩盤になることです。

私たちは複雑な形而上学を必要としていません。ただ、**静かな小さい声**がこの世界の幻想を破壊するパワーである、という小さいシンプルな真理を理解することだけが必要なのです。その理解は、私たちが間違いに対して何かをするパワーをもっているということではなく、間違いを破壊するのにどんなパワーも必要ないという真理から来るものです。なぜなら、間違いはその内部に自己破壊の要素があるからです。それは、実のならない木のかたわらに立ち、それを眺めるときに、それが枯れていくのを証言するようなものです。私たちがそれを枯らしたのではありません。それ自身の不毛さがそれを枯らすのです。ですから、私たちが**聖なるパワーの証人**として、静寂の中で静止してすわり、調和が私たちのまわりの至るところに降りて来るのを眺めるとき、間違いが解消します。

ということで、私たちは一歩一歩強化されるのです。そしてついに、私たちが意のままに神の中で休息し、その神霊が私たちを通じて流れるようにすることができる日、そして私たちを包み込む外衣が、私たちのコミュニティと世界への祈りであり、祝福であり、ヒーリングであることを理解する日がやって来ます。

私たちが世界の間違いと戦わない意識状態に自分自身を引き入れるとき、私たちは世界の光となります。その意識の中で、私たちは完全に静止し、神霊が感覚のイメージを無と化し、解消するようになるのです。そのとき、私たちはもはや間違いと戦わず、ただ休息し、くつろぎ、そして神が天と同じように地上でも機能していることの証人となるでしょう。特にけっして忘れてはいけないことは、私たちは一二人であり、七〇人であり、二〇〇人だということです。私たちは自分のコミュニティの光なのです。仮に恐れ、疑い、憎しみ、嫉妬、妬み、悪意の催眠に屈しない人が他に誰もいないとしても、私たちがその屈しない一人になるのです。私たちは自分のコミュニティの中の岩盤、静寂の岩盤になります。その静寂の岩盤は私たちの内部から平和として湧きあがり、そのおかげでその平和が自分のコミュニティに降り注がれることでしょう。

19章　静かな小さい声

世界はパワーとマインドを超えなければいけない場所へやって来ました。しかし、そんな場所があるのでしょうか？　肉体的力と人間の思考がパワーではなく、安全、安心、平和が保証されている場所があるのでしょうか？

空虚と挫折の瞬間に、頼っていたものがすべて捨て去られるとき、その答えは、神の声がそれ自身を発するときにやって来ます。それは怒鳴り声でもなく、急かすような声でもなく、また火山の驚くような響き声でもなく、非常に静かな声です。それはあまりに静かなので、静寂の中でのみ聞かれ、そこで雷鳴が鳴ります。私たちがその声を聞くとき、不況と不景気を気にする必要はありません。たった一つのことだけが私たちにとって重要です――それは、静かにし、私たちの内部の静かな小さい声として、神が自分自身を顕現し、表現することをゆるすことです。

今日、世界の状況のせいで、私たちの個人的問題には終わりがありません。しかし、私たちが個人的、国家的、国際的問題の観点で考えようと、基本的にはたった一つの問題しかありません――**「私」の神霊**と対立する物質的パワーとメンタルなパワーです。

敵はたった一つです――それは、物質的パワーとメンタルなパワーが世界をコントロールできるという世界的信念です。今日私たちに直面している敵たちは、恐ろしい病気の流行でもなければ、天候や天気がもたらすひどい状況でもなく、また差し迫っている経済的危機でも破壊的戦争でもありません。これらすべては、物質的パワーとメンタルなパワーへの信念の一部にすぎません。

しかし、物質的パワーとメンタルなパワーはパワーでしょうか？　それとも、静かな小さい声が唯一のパワーでしょうか？　その答えとは、目に見える世界には何のパワーもない、ということです。私たちのマインドの中に対象物として存在しているどんなものも、パワーではありません。ですから、そのイメージが人であれ、病気であれ、爆弾でさえ、自分のマインドの中のイメージをけっして恐れないようにしましょう。私たちの中にあるあの静かな小さい声は、これらすべてよりも強大であり、私たちが非常に静かになるならば、その声がそれ自身を発し――それは深呼吸か平和や温かさの感覚のときもあります――この地上は神の声であふれ、二つのパワーに対する信念が沈黙させられるのです。

その敵が外側の肉体的なものであれ、内側のメンタルなものであれ、私たちがその敵と闘争し、戦うとき、どんな戦いにも勝利しません。私たちがどんなパワーも行使せず、自分の対立者と戦わず、すべての敵は自ら滅びるという知識の中で休息するとき、本当の勝利が勝ち取られるのです。

「主があなたがたのために戦われるから……かたく立って、主がきょう、あなたがたのためになされる救《すくい》を見なさい」(出エジプト記14章13–14)。「このかたく立つ」は、肉体的パワーとメンタルなパワーを控えることだけではなく、スピリチュアルなパワーを控えることでもあります――平和の海で完全にくつろぐことです。私はそのプロセスを知りませんし、あなたも知ることができません。しかし、私たちはその平静と静寂の果実を目撃することができ、またそうすることでしょう。なぜなら、その静寂の中で奇跡が起こるからです。敵は自ら滅び、私たちの経験から消えていきます――その敵が、熱、人、あるいは国家であれ、それは蒸発し、消えます。私たちはそれと戦うことも、闘争することも必要ではありません。私たちはただ平静であることが必要なだけです。私たちはパワーではないパワーと同調しています。私たちはパワーを行使せず、勝利を獲得していきます。私たちはスピリチュアルなパワーさえ使わず、ただ私たちの平静さのおかげで、スピリチュアルな非パワーが私たちを使うことをゆるすのです。私たちの強さは、静寂の中でパワーの行使を控えることにあり、その静寂が次のように雷鳴します――**「私」**は神である。それゆえ、静かに立って、休息しなさい。というのは、**「私」**は世界の終わりまであなたとともにいるだろうから。あなたは休息し、くつろぎ、静寂でいなさい。

私たちが休息するとき、静かになるとき、そして神霊が自分のマインドと肉体に浸透することをゆるすとき、私たちより偉大な何かが私たちより先に行き、私たちのために道を準備してくれます。そのとき自分に対立するものと敵は消え、私たちは自分自身の内部で立ち、「ああ、なんという強大な仕事だろうか！」と驚愕するのです。誰かに対して、あるいは誰かのために、神、真理、パワーを使おうと試みないで、完全なる静寂の中にいるとき、私たちの中で、人生の問題を解消してくれる何かが起こり、私たちが行く道を喜びと充実の道に変えるのです。

世界を物理的にもメンタル的にも破壊しうるパワーに対抗できる、唯一効果的で潜在的な武器とは、**静寂だけ**です。そして、その静寂とは、この宇宙を創造し、それを維持することに永遠に責任を負っている何かがある、という確信から生まれるものです――その確信があるとき、**静寂の中**でくつろぎ、その何かがその機能を果たすようにすることができます。

その静寂の中で私たちは全体性を発見します。その平静と自信の中で、私たちは自分の強さと平和を発見します。それが私たちの安息日、創世記の第1章の完全で完璧な世界であり、そこで私たちはあらゆるパワーから休息し、山上の垂訓のやり方で生きるのです。そのとき私たちは、「岩の上に自分の家を建てた賢い人（マタイ7章24）」のようになるのです。そして、雨が降り、洪水が来て、風が吹き、家に襲いかかりますが、家は倒れませんでした。というのは、それは岩の上に建てられたからです。

私たちがあらゆる性質の問題――対立、敵、憎しみ、迫害、不正――に遭遇するとき、もはや私たちはそれらを物理的ないしメンタル的に取り除こうとして、手を伸ばそうとはせずに、ただ神の言葉の中に休息しています。私たちがあらゆるパワーから休息するとき、神がその奇跡を為すのです。

「私」の平和の深い静寂が雷鳴のごとく反響し、パワーを増し、ついにそれらがあらゆる障害を打ち破ります。その静寂の強力な音が音量を増し、ついにその雷鳴が幻想のベールを切り開き、神がそのすべての荘厳さ、栄光、平和の中で啓示されるのです。

訳者あとがき

スピリチュアルを探求している皆さんの間で非常に人気のある本に、『奇跡のコース』（ナチュラルスピリット刊）という本がある。

私も一九九〇年代にこの本の存在を知り、「奇跡」という言葉に心惹かれ（笑）、分厚い本が苦手にもかかわらず、頑張って原書を数回読んだものだ。ところが、数回読んだものの、結局のところ言葉がほとんど自分にヒットせず、もちろん私が期待したような奇跡が起きた感じも一度もなかった（そもそも人間のマインドが期待するような「奇跡」を期待して、『奇跡のコース』を読むこと自体が、間違いだったのだ）。やはり本には相性というものがあることをつくづく感じたものだ。

『奇跡のコース』の本をあきらめてから、十年くらい経った頃、私は本書の著者であるジョエル・ゴールドスミスの本に出会い、熱心に読み始めた。読み始めてすぐに、「ジョエル・ゴールドスミスは、『奇跡のコース』と同じことを語っているにちがいない」ということに気づいた。幸いジョエル・ゴールドスミスの本との相性はよかったようで、私は今日に至るまで、彼の本を愛読している。

本書は、私が読んだ彼の本の中で、一番コンパクトに彼の教えの真髄がまとめられているという印象がある。一昨年、翻訳出版された『スピリチュアル・ヒーリングの本質』（ナチュラルスピリット刊）とは違って、ヒーリングそのものについてはそれほど語られていないが、神の恩寵によって心の平和をいかに達成するか、その原理が詳細に語られている。

本書の主なるテーマを列挙すれば‥

＊神とは何か？
＊善悪という二つのパワーを超越する。
＊「カルマの法則」から、「神の恩寵」への移行。
＊新約聖書の山上の垂訓のメッセージ。

右記のテーマは緊密にリンクしていて、もし一つのテーマを完全に理解できれば、他のテーマを理解するのはそれほど難しくはないだろうと思う。しかし、実践となると、ジョエル・ゴールドスミスの教えはかなりハードルが高い。ジョエル・ゴールドスミスはイエス・キリストを自らのマスターと仰ぎ、イエスの教えの現代版とも言えるが、それらの実践がどれほど困難であるかは、地球上にキリスト教徒と称する人たちは多数であるにもかかわらず、イエス・キリストが伝えたメッセージが二千年間、ほとんど実践されることなく、いまだあらゆるところで「自分たちの正義と欲得」のための戦争が起こり続けていることからも、明らかであろう。

なぜこういった教えが困難なのかという理由を、「善悪という二つのパワーを超越する」というテーマを例に説明してみよう。「善悪という二つのパワーを超越する」とは、もっと日常的な言葉で言えば、「日々起こる出来事に、これは善い、これは悪い、という善悪の判断をしない」ということである。そして、「出来事や人々を憎むな、赦せ」ということでもある。

日々起こる出来事には、戦争、災害、コロナのようなパンデミック、物価高などの世界情勢や日本という国の情勢に関することもあれば、自分個人に関すること、失業、病気、事故、人間関係の問題など、あるいは財布やスマホを落とす、パソコンが突然壊れるなどの出来事もある。もちろん、お金をたくさん手に入れたとか、好きな人と結婚するとか、子供が生まれたとか、望む就職ができたとか、人間のマインドが判断する善い出来事の場合もある。ジョエル・ゴールドスミスが言っていることは、「そういった出来事にいちいち善悪判断をするな」、「関わっている人たちを赦せ、憎むな。反対に、称賛もするな」ということである。

さあ、これを実際に日々実践しようとなると、大変だということがわかるだろうし、疑問だって出て来るはずだ。「どうして、戦争やパンデミックや物価高が悪ではないのか?」まして、出来事の実際の当時者であれば、「どうして、私の失業や病気が悪ではないのか? 私はこんなに苦しんでいるというのに」などと思うはずであろう。

人間のマインドはすべての出来事を善悪に分類することに中毒している。もし私が自分のアイデンティティ、本質は一個の肉体・マインドであると確信しているなら、何事においても、善悪判断をすることは、生存のためには必要不可欠かもしれない。私たちは出来事を善悪に分類し、悪いことが起きないように注意し、善いことが起こるように望む。また、自分のまわりの人たちを自分に利益をもたらす善人か、自分に損害をもたらす悪人か判断し、悪人を避け、善人とだけ付き合うようにする。こういった判断は、生存の戦術として、肉体人間としては間違っているわけではない。

だからこそ、「日々起こることに善悪判断をするな」というジョエル・ゴールドスミスの教え、そして二千年前のイエス・キリストの山上の垂訓のメッセージが、ほとんどの人たちには「実践不可能な教え」に見えてしまうのである。

しかし、自分のアイデンティティ、本質は一個の肉体・マインドではないことに目覚めた人、あるいは目覚めつつある人、あるいは目覚めたいと思う人、つまり、イエス・キリストやジョエル・ゴールドスミスの言葉による人の子から神の子への移行が始まった人たちには、「日々起こることに善悪判断をするな」の本当の知恵が浸透し始め、そのとき神の子は「神の恩寵」の元で生きる可能性が生まれる。本書で、ジョエル・ゴールドスミスは、「善悪という二つのパワーを超越する」ことの本当の知恵を、私たちのマインドにもわかりやすく、時には日常的事例も上げて、あらゆる角度から説明している。

「神の恩寵」――何と人のハートに響く言葉だろうか！　私は有名な「アメージング・グレース（Amazing grace）」（驚くべき恩寵）という歌をうたうたびに、「かつて私は盲目だったが、今は見える（Was blind, but now I see）」という歌詞に思わず涙がこぼれる。ジョエル・ゴールドスミスやその他何人か、私が心の師と仰ぐ賢者の方々のおかげで、神の救い、神の恩寵が何か、どこにあるのかを理解できたこと、それこそが私に起こった最大の恩寵だったのだろうと思う。

人間としての自分、鏡に映る自分は、今でも時々不幸ではあるが、それを救うことはできない。なぜなら、その不幸は本当は実在していないからである。しかし、人間の世界の状況がどうであれ、神の世界ではあらゆる人がすでに救われている。ジョエル・ゴールドスミスのおかげで、『奇跡のコース』の冒頭の言葉、「実在するものは脅かされることがありません。非実在なるものは存在しません。ここに神の安らぎがあります」を確信できたことを、私は本当にうれしく思っている。

本書の翻訳にあたり、ナチュラルスピリット社の今井社長と編集をご担当いただいた西島恵さんには大変お世話になりました。心からお礼を申し上げます。

二〇二三年五月

髙木悠鼓

ジョエル・ゴールドスミス　Joel S. Goldsmith（1892〜1964）

アメリカのスピリチュアルな教師、ヒーラー、現代の神秘主義者。1892年、ニューヨークに生まれる。若い頃から熱心にスピリチュアルな探求をし、あるとき突然、ヒーリング能力に目覚める。以後、「内なる神性（キリスト意識）に目覚めることによるヒーリング」の道を実践・研究し、その原理を教えることに人生を捧げた。彼の教えは、「無限の道（The Infinite Way）」と呼ばれている。本書以外に『スピリチュアル・ヒーリングの本質』（ナチュラルスピリット）、『神を識る瞑想の法』（教文館）、“A Parenthesis in Eternity”、“Practicing the Presence”などの著書がある。

関連サイト　https://www.joelgoldsmith.com

高木 悠鼓（たかき ゆうこ）

1953年生まれ。大学卒業後、教育関係の仕事、出版業をへて、現在は翻訳・作家・シンプル道コンサルティング業を営みながら、「私とは本当に何かを見る」会などを主宰する。著書に、『動物園から神の王国へ』、『シンプル道の日々』、『仕方ない私（上・下）』（以上シンプル堂）、訳書に、『存在し、存在しない、それが答えだ』、『頭がない男――ダグラス・ハーディングの人生と哲学』、『何でもないものがあらゆるものである』、『誰がかまうもんか?!――ラメッシ・バルセカールのユニークな教え』、『意識は語る――ラメッシ・バルセカールとの対話』、『意識に先立って――ニサルガダッタ・マハラジとの対話』、『ニサルガダッタ・マハラジが指し示したもの』、『スピリチュアル・ヒーリングの本質』、『ハートの静寂』（以上ナチュラルスピリット）などがある。

シンプル堂サイト　https://www.simple-dou.com/
個人ブログ「シンプル道の日々」　https://simple-dou.asablo.jp/blog
「頭がない方法」サイト https://www.ne.jp/asahi/headless/joy

静寂の雷鳴

●

2023年8月27日　初版発行

著者／ジョエル・ゴールドスミス
訳者／髙木悠鼓

編集／西島 恵
DTP／山中 央

発行者／今井博揮
発行所／株式会社 ナチュラルスピリット
〒101-0051 東京都千代田区神田神保町3-2 高橋ビル2階
TEL 03-6450-5938　FAX 03-6450-5978
info@naturalspirit.co.jp
https://www.naturalspirit.co.jp/

印刷所／創栄図書印刷株式会社

ISBN978-4-86451-448-4 C0011
落丁・乱丁の場合はお取り替えいたします。
定価はカバーに表示してあります。

●新しい時代の意識をひらく、ナチュラルスピリットの本

スピリチュアル・ヒーリングの本質
言葉と思考を超えた意識へ

ジョエル・ゴールドスミス 著／高木悠鼓 訳

四六判・並製／定価 本体 2380円+税

神なる「私」の本質に目覚める！

罪、病気、欠乏を実際の状態として受け入れている間、
あなたは癒されることはできません。
あなたの経験の中で問題を引き起こしているものの
非現実的性質を、
あなたが知るときようやく、
スピリチュアル的に癒すことが可能になるのです。

お近くの書店、インターネット書店、および小社でお求めになれます。